Die in diesem Buch dargestellten Zusammenhänge, Erlebnisse und Thesen entstammen den Erfahrungen und/oder der Fantasie des Autors und/oder geben seine Sicht der Ereignisse wieder. Etwaige Ähnlichkeiten mit lebenden Personen, Unternehmen oder Institutionen sowie deren Handlungen und Ansichten sind rein zufällig. Die genannten Fakten wurden mit größtmöglicher Sorgfalt recherchiert, eine Garantie für Richtigkeit und Vollständigkeit können aber weder der Verlag noch der Autor übernehmen. Lesermeinungen gerne an feedback@conbook.de

Besuchen Sie uns auf www.facebook.com/conbook

1. Auflage

www.conbook-verlag.de
www.heimatbuch.de

In der Reihe **»Heimatbuch«** bisher ebenfalls erschienen:

Berlin	Murat Topal	ISBN 978-3-934918-84-9
München	Sarah Hakenberg	ISBN 978-3-934918-91-7
Ostfriesland	I. Lienemann & K. Jakob	ISBN 978-3-934918-87-0
Rheinland	Christan Bartel	ISBN 978-3-934918-89-4
Westfalen	Mischa-Sarim Vérollet	ISBN 978-3-934918-93-1
Wien	Buchgraber & Brandl	ISBN 978-3-934918-88-7

Korrektorat: Korrekturservice Dr. Bärbel Müller
Einbandgestaltung: Linda Kahrl
unter Verwendung des Bildmotivs © istockphoto.com/Fiona1
Satz: David Janik

Druck und Verarbeitung: Ebner & Spiegel GmbH, Ulm

Printed in Germany

ISBN 978-3-934918-90-0

Holger Hommel

Wo einem der Marsch gekocht
und nicht geblasen wird

SCHWABENLAND

ein Heimatbuch

Vorurteile über das Schwabenland gibt es mehr als Zutaten im berühmten Gaisburger Marsch. Aber stimmt alles, was man über die Schwaben sagt, nur weil man keinen vehementen Widerspruch erntet? Häusle bauen, Kehrwoche machen, Mercedes fahren, Spätzle essen, Viertele schlotzen, geizig, schaffig, putzig und immer auch ein wenig kauzig sein?

»So semmer halt«, sagen viele Schwaben, die Anzeichen für einen grundlegenden Wandel vor Augen: Mülltrennung am Wertstoffhof, Most von Streuobstwiesen, Gemüse in Maultaschen – schlicht alles wird grüner. Doch wie weit geht dieser Wandel und wie sieht sie aus, die schwäbische Summe von neu und alt?

Holger Hommel schaut sich um, mischt alte Geschichten mit aktuellen Beobachtungen und zeichnet auf unterhaltsame Weise ein liebenswertes Gesamtbild der Schwaben. Der Leser darf ruhig schmunzeln und muss nicht alles verstehen. Soll er auch gar nicht, das wäre ja noch schöner.

Holger Hommel, Jahrgang 1960, hat so ziemlich alle Länder dieser Erde bereist, will aber nicht von sich behaupten, die Welt auch wirklich zu begreifen. Obwohl oder gerade weil er so manches nicht versteht, bricht er mit großer Begeisterung immer wieder auf, lässt sich in fremde Welten fallen und schreibt darüber. Das Reisen ist sein Ecstacy, die Neugier sein Antrieb, das Schreiben seine Sortiertherapie.

Vielen gilt er als Asienexperte. Ihn selbst begleiten die Zweifel auch in den Fernen Osten. Seiner Sehnsucht nach dem geliebten Kontinent tut dies allerdings keinen Abbruch. Asien ist seine Leidenschaft.

Vergisst ein Schwabe über diese Passion hinweg aber seine Heimat? Nein, im Gegenteil: Hommel nutzt die geographische Distanz sogar zur liebevollen Betrachtung seines Ursprungs, denn nur, wer seine Wurzeln kennt, wird auch die Quellen anderer Kulturen entdecken.

Für Diana und
für Julian, Lian, Annick und Sinan
mit großem Dank dafür, dass Ihr mich schauen und schreiben lasst

… *und für all das Warten, wenn ich mal wieder viel zu lange schaue*

… *und für all die Geduld, wenn ich wieder nach passenden Worten suche*

… *und für all die Toleranz, wenn mir meine passenden Worte nicht passen*

… *und für all die Solidarität, wenn anderen meine passenden Worte nicht passen*

… *und für all den Trost, wenn mir die anderen das auch noch sagen*

… *und für all die Zeit, die Ihr mir schenkt*

… *und für all das weg sein, wenn ich schreiben muss*

… *und für all das da sein, wenn ich vorlesen will*

… *und für all das andere, von dem ich nie rede*

… *und für all Eure Liebe, dafür zuallererst*

Inhalt

Inhalt

Schwäbisch Vermischtes

oder was ganz vorneweg gesagt werden sollte

Das Kehrwochenschild. Neulich gesehen in einem Mehrfamilienhaus in Hessen, vor gut einem Jahr entdeckt in Südbayern! Sogar in Flensburg sollen Kehrwochenschilder im ordnenden Einsatz sein, die der gemeine Holsteiner irgendwann einmal als Souvenir von einer Urlaubsreise aus dem Schwabenland mitgebracht hat.

Immer wieder und ohne große Mühe findet man auch außerhalb des Schwabenlandes klare Indizien für eine straff organisierte Kultur der intensiven Hausreinigung durch wöchentlich wechselnde Pflichten der einzelnen Wohnungsnutzer. Solche Putzpflichtenaufteilungssysteme könnte man mit Fug und Recht überall »Kehrwoche« nennen, auch in weiterer Entfernung von Württemberg. Wieso denn nicht? Dort, wo es keine geregelte Kehrwoche gibt, zeigen Umfragen, wie zum Beispiel in Berlin, dass man sehr gerne so eine hätte. Und wo es keine Kehrwoche und auch keine Umfragen gibt, da denken auswärtige Besucher – auf jeden Fall die aus dem Schwabenland – und schmutzgenervte Anrainer ganz oft das Gleiche: ›Hier sollte man keine Umfragen mehr machen, hier sollte man einfach nur noch ordentlich putzen, schrubben, wischen oder eben nach schwäbischem Vorbild die Kehrwoche einführen und gleich einen rabiaten Hauszuchtmeister zur Beaufsichtigung dazustellen.‹

Die Schwaben akzeptieren ihre grundsätzliche Putzpflicht schon lange und gelten somit als die Erfinder der Kehrwoche. Gerade das Sauberhalten der Treppenhäuser und anderer gemeinschaftlich genutzter Flächen ist den Schwaben wichtig. Aber kann oder muss man schon allein deshalb in allen Schwaben verbohrte Kehrwochenspießer vermuten? Oder anders herum gefragt. Ist es schlicht ein Irrglaube, dass der Schwabe seine Grünmülltonne nach Leerung grundsätzlich ausseift, gerne auch desinfiziert und gegebenenfalls sogar trocken föhnt? Ist das Kehrwochenschild auf dem Cover mit dem Inhalt des vorliegenden Buches begründbar, oder wird es mit jeder gelesenen Seite blasser und unwichtiger? Versuchen wir es herauszufinden: Wie viel Schwabe steckt in der Kehrwoche oder wie viel Kehrwoche steckt im Schwaben?

Vorurteile über das Schwabenland gibt es noch mehr als Zutaten im berühmten Gaisburger Marsch, den man in überzeugender Ablehnung eines berühmten Sprichworts am besten so heiß essen sollte, wie er gekocht wird. Wenn überhaupt, dann bläst man ein wenig mit gespitzten Lippen über die ersten Löffel, damit man sich die »*Gosch net ganz jesesmäßig*« verbrennt. Der Gaisburger Marsch ist eigentlich ein buntes Durcheinander vieler Ingredienzien. Das ist das Besondere an diesem Eintopf, den man entweder innigst liebt oder abgrundtief verabscheut. Dazwischen gibt es nichts. Schwäbische Vermischungen in der Suppe, nicht im Kopf und schon gar nicht im Herzen.

Viele seiner Zutaten kann man leicht identifizieren, manches erkennt man nur schwer. Schwaben tun sich leichter, Nichtschwaben erheblich schwerer. Da schwimmen Dinge nebeneinander in der Brühe, die eigentlich niemals zusammen auf einen Teller kommen sollten. Kartoffeln und Nudeln in einem Topf. Da ist beim Esser Toleranz gefragt. Vorauseilende Ablehnung erschwert allerdings die euphorische Begeisterung der Geschmacksnerven. Da muss man locker rangehen, sich sozusagen dem Schwäbischen Löffel für Löffel öffnen und völlig hingeben. Für viele Suppenfreunde aber ist und bleibt dieser Stuttgarter Vororteintopf ein unbegreifliches Mysterium.

Die grundlegenden Geheimnisse beginnen bei den Köchen und ihrer Heimat. Wagen wir uns also über das Rezept und die Zubereitung eines ordentlichen Gaisburger Marsches hinaus und blasen einmal kräftig über die heiß dampfenden Gerüchtelöffel voll schwäbischer Besonderheiten. Denn hier gilt es wieder, das deutsche Sprichwort: »Nichts wird so heiß gegessen, wie es gekocht wird.« Außer dem Gaisburger Marsch eben.

Das Ergründen des Mysteriums wird nicht einfach werden, die Schwaben verschließen sich hartnäckig einer Analyse und mögen es gar nicht, wenn sie durchleuchtet werden. Immer wieder hört man auf die harmlose Grußfrage »Wie geht es Ihnen?« die abwehrende Gegenfrage »*Wieso wellet Sie des wissa?*«. Gerade in dieser vorsichtig-skeptischen Antwort steckt aber vielleicht schon so etwas wie die ultimative Quintessenz der schwäbischen Wirklichkeit.

Vorurteile gibt es also genug. Sie haben alle einen historisch begründeten Ursprung, und die Schwaben wissen sehr wohl, warum sie existieren. Wir sprechen jetzt von den Vorurteilen, noch nicht von den Schwaben, die sind nach ureigenster Auffassung vieler schwäbischer Geschichtsschreiber einfach schon immer da gewesen, und eine Welt ohne Schwaben kann man sich gar nicht vorstellen. Jedenfalls die Schwaben selbst nicht. Die wissen nämlich nicht nur, woher all diese vielen Vorurteile kommen, nein, sie hegen und pflegen dieses von außenstehenden Betrachtern gezeichnete Motiv vom eigenwilligen und etwas schwierigen Menschenschlag sogar und geben dem eh schon überladenen Bild einen opulenten Rahmen voll amüsierter Zustimmung, der das Vorurteilsbild vom Operettenschwaben besonders intensiv strahlen lässt.

Stimmt deshalb alles, was schon immer über das Schwabenland und seine Bewohner gesagt wurde? Ist es wahr, nur weil man von den Bevorurteilten keinen vehementen Widerspruch erntet? Häusle bauen, Kehrwoche machen, Mercedes fahren, Spätzle essen, geizig, schaffig, putzig sein?

»So semmer halt«, sagen viele, aber Wertstoffhof, Sushi-Restaurants und der erste grüne Ministerpräsident in Deutschland sind Indizien für einen Wandel im Heimatland von Maultaschen und Gaisburger Marsch. Doch wie weit geht dieser Wandel, was ändert sich, was bleibt unwandelbar bestehen? Anders herum ausgedrückt: Hat der Putzlappen eine genetische – oder, etwas moderner ausgedrückt, eine sarrazinische Begründung, und stimmt es, dass schwäbische Babys Bausparvertrag sagen können, bevor sie das erste Mal nach ihrer Mutter rufen?

In Leonberg, der mittelgroßen Heimatstadt des Autors, gibt es die berühmte gleichnamige Bausparkasse schon lange nicht mehr. Wüstenrot war plötzlich die Farbe der Rettung, aber auch dieser Anstrich verblasste schnell. Als dann die bekannteste Bausparkasse Deutschlands plötzlich auch keine Lust mehr hatte, den Arbeitsplatzretter zu spielen, da versuchte man die riesige Immobilie zu verkaufen beziehungsweise lukrative Mieter zu finden. Als beides mit dem furchtbar hässlichen Büroklotz mitten im kleinen beschaulichen Leonberg nicht funktionierte, sprengte man die Bausparkasse, genauer gesagt das Hauptgebäude kurzerhand in die Luft. Sicherlich ein Höhepunkt in der nicht sehr explosiven Nachkriegsgeschichte der kleinen Stadt am Rande Stuttgarts. Gleichzeitig wohl aber auch der Tiefpunkt im Leben des zuständigen Sprengmeisters, der wahrscheinlich vor Ärger in die Luft ging oder ersatzweise vor Scham in den Boden versinken wollte, als er nach dem großen Knall erkennen musste, dass die gefühlte Hälfte der Bausparertrutzburg den exakten Sprengberechnungen zum Possen nach dem größten Krach Leonbergs einfach stehen blieb. Die Leonberger gehen fest davon aus, dass dies kein Schwabe gewesen sein kann, der hier so gepfuscht hat. Und schon gar kein Leonberger. Wenn man aber auch wirklich nicht alles selber macht.

Zeigen der radikale Einsatz von Dynamit und das schnelle manuelle Abtragen der stehen gebliebenen Reste mit Bagger und Hacke den entschlossenen Kampf auch der schwäbischen Gesellschaft gegen diese veraltete Sparform? Oder darf man das Sprengdesaster gar so interpretieren, dass hier die Überlebensfähigkeit des Systems Bausparen dokumentiert wurde? Man kommt schon ein wenig ins Grübeln, wenn so ein Spektakel vorbei ist. Was ist dran an all den anderen, ebenso berühmten wie auch grotesken Schwabenlegenden?

Das vorliegende Buch ist der wagemutige Versuch, ein wenig Licht in die Dunkelheit schwäbischer Eigenarten zu bringen. Der Zweifel begleitet dabei jede Zeile. Es ist nicht einfach, die Schwaben und das Schwabenland so zu erklären, dass der Leser danach etwas mehr versteht und der Autor nicht als Schwabenverräter aus seiner langjährigen Heimat vertrieben wird. Er ist selbst ein Langzeitreingeschmeckter, da geht es ihm wie der Kartoffel und dem Trollinger, die auch aus der Fremde kamen und sich heute sauwohl fühlen in der Heimat von Spätzle und Most.

Ganz im Gegensatz zum Trollinger, der mehr aus dem Süden kam, wurde der Autor der folgenden Zeilen erst nachgeburtlich, aber doch in frühester Kindheit und durchaus noch prägungsbereit vom Norden ins Schwabenland umgesiedelt. Heute fühlt er sich selbst durch und durch als Schwabe, kann aber die Perspektive eines Außenstehenden immer noch gut nachvollziehen und in seine durchaus etwas unstrukturierten und auch launigen Betrachtungen der schwäbischen Moderne einbauen. Wo verändert sich das Schwabenland, was bleibt bestehen? Wo stimmen die althergebrachten Bilder vom knitzigen Modellschwaben noch, wo haben sie schon längst ausgedient? Wie sieht sie aus, die schwäbische Summe von neu und alt?

Ich habe mich während des Schreibens sehr intensiv in meiner Heimat umgeschaut, habe sehr viel zugehört und ganz oft nachgefragt. So einiges konstatierte ich dabei unverhohlen mit verschmitztem Grinsen, manches schon auch mal mit verständnislosem Kopfschütteln. Trotzdem habe ich meine Eindrücke immer mit großem Stolz und sehr viel Liebe zu meinen Mitschwaben niedergeschrieben. Alte und oft erzählte Geschichten stehen neben aktuellen Neuigkeiten, historisch durchaus Wichtiges konkurriert mit neulich gehörten Nebensächlichkeiten. So aufrichtig die Suche nach den harten Fakten einer gesamtschwäbischen Wirklichkeit sein mag, um der schwäbischen Seele und ihrer Heimat wirklich näherzukommen, muss man auch sagenumwobene Mythen beleuchten, die im dichten Nebel liegen. Legenden, die noch nie stimmten, paaren sich da mit Gerüchten, die man nur deswegen nicht anzweifelt, weil man sie so oft und von allen Seiten hört. Werden die dann auch noch angereichert mit Anekdoten, die man einfach nur so gern erzählt, weil sie die eigene Meinung bestätigen, ja dann ist man mitten drin im prallen Schwabenleben. Oder ganz weit draußen. Das kann auch passieren.

Der erste Anstoß zu einem Buch über das Schwabenland kam vom Düsseldorfer Verleger. Was daraus wurde, verantwortet der Autor aber ganz allein. Den Bedeutungsdschungel schwäbischer Befindlichkeiten aufzuräumen und gründlich durchzuputzen, das kann eigentlich nur die fixe Idee eines Schwaben sein. Das Dickicht der Meinungen über das Schwabenland lichten und sortieren, das geht nur mit einer Mischung aus etwas Kehrwochenmentalität und den Mülltrennungserfahrungen eines Wertstoffhofes. Eigen, so sagt man, seien die Schwaben, auch etwas komisch, manchmal nur schwer zu verstehen. Da meint der Autor als Reingeschmeckter in der Zwischenzeit gern: »*So semmer halt!*«

Das Buch soll ein Reisebegleiter sein durch das Land der Schwaben, für Fremde, aber gern auch für die Schwaben selbst. Es widmet sich den eindeutigen Wesenszügen, rührt aber auch gern in den Widersprüchen des schwäbischen Daseins. Das Schwabenland ist eine der reichsten Regionen Europas, weil die Menschen dort sparsam sind. Das Schwabenland ist modern, weil die Menschen dort bürgerlich und eher konservativ sind. Die Schwaben sind geizig, aber die meisten Dreisternerestaurants findet man genau hier, und der Großteil der Speisenden kommt dialektbetont hörbar nicht von auswärts. Die Schwaben reisen gern und viel, obwohl sie doch am liebsten zu Hause bleiben. Kartoffeln schwimmen in der Suppe neben Nudeln. Wie viele Widersprüche hält man aus?

Es geht um Grundsätzliches, Einzigartiges und Eigenwilliges, aber durchaus auch um Katastrophales und Abgrenzendes, Geschichtliches wird dabei nicht vergessen, nicht einmal Zurückhaltendes wird zurück gehalten. Verschiedenes bekommt ganz neue Bedeutung. Es geht irgendwie nur um Vermischungen im Suppentopf, es geht aber auch ums Große und Ganze, es geht ums Schwäbische.

Man findet trotzdem auch einige praktische Tipps und Erläuterungen, so manches wird erklärt, vieles angedeutet. Das ein oder andere ist ein wenig subjektiv, das meiste ist nur subjektiv. Das haben Tipps nun mal so an sich. Geld hat der Autor für seine Tipps nie bekommen. Schade eigentlich, aber Schwaben machen so etwas nicht. Die meisten jedenfalls nicht, und so werden Werbeagenturen gerade im Schwabenland steinreich und lobsingende Schriftsteller bleiben bettelarm. Das ist allerdings kein schwäbisches Phänomen.

Umfassende Vollständigkeit war nie das Ziel der folgenden Zeilen, der Schwabe lässt sich nicht in ein einziges Buch pressen. Der Leser soll ein wenig nachdenken über die Schwaben, über sie schmunzeln, sich wundern und manchmal hoffentlich auch herzhaft über sie lachen. Die Schwaben vertragen das. Sie lachen auch gern über sich selbst. Sich ironisch selbst zu betrachten und dabei viertelesschlotzend herzhaft zu lachen ist eine große Stärke der Schwaben.

Aber die Konsequenzen der Selbstanalyse sind das eigentlich Besondere. Die persönlichen Eigenarten zu suchen, zu finden, sich darüber amüsieren und danach nichts, aber auch gar nichts dagegen zu unternehmen, nichts, aber auch gar nichts zu ändern, ist ihre herausragende Eigenschaft. Das sollte man wissen. Wenn die Schwaben dann aber die eigene Nabelschau auch noch mit dem aufschlussreichen Satz beenden: »*So isch's na au wieder net*«, dann sollte der Außenstehende das Nachdenken über die Schwaben sofort einstellen. Wer diesen Satz mit analytischer Logik betrachtet, könnte reif sein für die Klapsmühle. Und das wollen wir nun wirklich nicht.

Eines wollte der Autor nicht: sich die »*Gosch ganz jesesmäßig*« verbrennen. Er hofft sehr, dass ihm dies gelungen ist. Die Leser sollen sie vor allem gern haben, sollen sie mögen, die Schwaben und ihre Heimat. Alles verstehen werden sie nicht, müssen sie nicht, sollen sie auch gar nicht. Das wäre ja noch schöner.

Holger Hommel
Mitten im Schwabenland im Jahr 2011

Schwäbisch Grundsätzliches

oder der Stammtischbesucher

Eines sollte gleich am Anfang klar und deutlich gesagt werden. Wir Schwaben wollen da gar nicht erst um den heißen Brei herumreden. Wir benennen die Dinge lieber beim Namen. Wieso auch nicht? Sollen wir schweigen, nur weil vielleicht irgendwelche zwar fremden, aber doch Deutsch sprechenden Volksgruppen wieder mit dem Finger auf uns zeigen könnten? Nein, ganz bestimmt nicht! Wir bevorzugen in solchen Angelegenheiten eine klare Sprache. Wir sind halt so. Geradeheraus! Genauer gesagt und sauber ausgesprochen heißt es eigentlich »*Gradraus*«. Das ist zwar nicht Hochdeutsch, aber wenn man sich ein bisschen Mühe gibt, kann man schon verstehen, was wir damit meinen.

Das sollten auch *die anderen*. Sich ein bisschen Mühe geben, die Schwaben und ihre Sprache zu verstehen. Und versuchen herauszufinden, was den Schwaben wichtig ist. Was können wir denn dafür, wenn die Nordrandrestdeutschen derart dialektunbegabt sind? Sollen sie doch einen gescheiten Sprachkurs machen.

Da rennen sie jeden zweiten Abend zum Italienischkurs in die Volkshochschule, nur um in der Pizzeria an der

Ecke Giovanni richtig begrüßen zu können und mit einem »*Grazie*« wieder von dannen zu ziehen. Darauf sind sie dann stolz wie Bolle, aber wenn sie zu uns kommen, verstehen sie überhaupt nichts und kriegen das Maul nicht auf. Also gut, dann eben »*Arrivederci*« und fertig, sollen sie Fiat fahren, da kann man bei der Abholung mit einem Italogruß vielleicht punkten, für eine Mercedesabholung fehlt dann einfach die sprachliche Reife. Ist doch wahr, Herrgottsack aber auch. Haben Sie vielleicht irgendwo an einer küstennahen Volkshochschule schon einmal einen schwäbischen Sprachkurs auf dem Programm gesehen? Das wäre ein sinnvolles Projekt zur Binnenvölkerverständigung. Nicht wir lernen Hochdeutsch, sondern die anderen lernen Schwäbisch.

Wir wissen, wir können grundsätzlich alles, außer Hochdeutsch, aber wir wissen nicht, wieso die anderen sich so schwertun mit dem Schwäbischen. Da müssten doch noch Hirnkapazitäten frei sein fürs richtig Schwäbischlernen und dann auch Schaffen, Putzen, Sparen und was sonst noch! Man könnte ja wenigstens einen Teil unserer föderalistischen Entwicklungshilfegelder an die anderen Bundesländer für ein Sprachförderprogramm ausgeben nach dem Motto: »Sag es in der Sprache der Könner – sag es schwäbisch!« Wieso kommt niemand auf eine solche Idee?

Dabei ist Schwäbisch eine so schöne Sprache und so leicht zu lernen. *Gell?* Man muss nur wirklich wollen. Dann versteht man uns auch. Und eines sollte dem Rest der Welt klar sein. Wer uns versteht, der hat schon viel erreicht. Dem geht es gut bei uns. Wer uns nicht versteht, wird schon merken, was er davon hat. Wir bauen nicht nur die besten Autos der Welt, wir bauen auch die dicksten Mauern. Zwischen uns und denen, die uns nicht verstehen. Mitten in der

Wirtschaft. Nicht aus herkömmlichem Stein, wo denken Sie hin, wir bauen eine Mauer aus schwäbischen Schweigesteinen. Aber nur, wenn es wirklich sein muss.

Wir Schwaben sind sehr freundliche Menschen und auch allem Fremden gegenüber sehr aufgeschlossen. Wenn wir wollen. Und wir wollen schon, aber nicht immer. Wir schmeißen ungern Lokalrunden, und am Stammtisch wollen wir unter uns sein. Aber wenn es Freunden schlecht geht, sind wir da. Auch wenn sie aus Hannover, Lübeck oder Peking kommen. Da darf man sicher sein. Für Freunde machen wir auch jederzeit großzügig den Geldbeutel auf. Ein wichtiger schwäbischer Grundsatz. Im Norden wird behauptet, das wäre der Grund, wieso wir so wenige Freunde hätten.

Jetzt hätten wir es fast vergessen. Oder *»verhudelt«*, wie wir sagen würden, wenn wir unter uns wären. Also was wollten wir noch einmal sagen? Beim Thema »Wirtschaft« fällt es uns wieder ein. Also sagen wir es klar und deutlich. Ganz grundsätzlich. Komisch sind bei uns immer nur die anderen! Nicht wir, die anderen. Merkwürdig sind sie. Oftmals eigenartig. Auf jeden Fall gewöhnungsbedürftig. Grundsätzlich anders eben. Vor allem die da oben. Also oben ist für uns der Norden, wo die meisten anderen herkommen. Die Hessen, die Niedersachsen und die Friesen zum Beispiel. Noch mehr anders sind die von oben rechts, also die aus der Zone. Schon gut, wir wissen es auch. Die aus der ehemaligen Zone. Von dort, wo die guten Autobahnen sind, die wir bezahlt haben. Nennen wir sie doch der Einfachheit halber ganz unsentimental Dauersolidaritätszuschlagsempfänger. »Neue Bundesländer« klingt uns irgendwie zu preiswert. Solidaritätszuschlag ist für uns Schwaben so etwas wie eine Zwangslokalrunde – und wir hatten ja schon festgestellt: Lokalrunden mögen die Schwaben nicht. Dass vor ein paar Jahren zusammengewachsen ist, was zusammengehört, hat nicht nur Willy Brandt, sondern haben auch die weitaus meisten Schwaben gut gefunden. Aber dass es so teuer geworden ist mit dem Zusammenwachsen und den versprochenen »blühenden Landschaften«, das bringt uns Schwaben bis heute fast um. Sein Geld unkontrolliert ausgeben ist zu vermeiden. Wieder so ein schwäbischer Grundsatz.

Noch mehr anders als die Restdeutschen sind dann nur noch die Russen und die Chinesen. Die sind uns aber mal vorläufig ziemlich wurscht. Die kriegen ja auch kein Geld von uns. Nicht wurscht sind uns die unten. Unten ist der Süden, und dort gibt es noch mehr und vor allem höhere Berge. Und einen unangenehm erfolgreichen Fußballverein. Dort sind alle Bayern. Die unten sind auch nicht immer normal, aber sie grüßen wenigstens den lieben Gott wie wir auch und lupfen den Hut, wenn sie einen haben. So etwas verbindet.

Die anderen debattieren gern über die Lage der Wirtschaft, wieder vor allem die aus dem Norden, wir dagegen kennen die Lage der Wirtschaft ganz genau. Geografisch betrachtet. Wir wissen, wo sie liegt, und so finden wir sie auch immer und sitzen dann gern gemütlich drin, in der Wirtschaft. Da merkt man es doch schon. Wir sind normal und wir schwätzen gern über Gott und die Welt, die anderen diskutieren mit bitterernster Miene über schwierige ökonomische Zusammenhänge und über die globalpolitische Lage. Und was kommt dabei raus? Sie kriegen Sorgenfalten wegen der vielen Probleme in der Wirtschaft, schauen verdrossen, werden grantig, manchmal sogar depressiv, und vor lauter Griesgram kommen sie nicht mehr zum Arbeiten.

Wir dagegen erholen uns in der Wirtschaft, denn dann können wir danach wieder mehr schaffen oder arbeiten, wie man bei den anderen sagen würde. Wir reden also nicht so gern über die Wirtschaft, sondern schwätzen in der Wirtschaft und schaffen danach saumäßig. Deswegen bauen wir bessere Autos und verdienen mehr Geld. Aber darüber schwätzen wir eigentlich nicht so gern. Wir haben es halt. Das hat jetzt nichts mit *Stopp* zu tun. Etwas *halt haben* heißt, dass man es halt hat. Wir haben halt mehr Berge, bessere Autos, größere Weingläser und halt auch mehr Geld. Das kann man nicht so gut erklären, das ist halt so. *Gell!*

Ausgeben tun wir unser Geld dagegen ungern. Manchmal nennen uns die anderen geizig. Wir sagen dazu vernünftig, normal oder auch gescheit. Was das Gegenteil von großkopfig ist. Das sieht man gar nicht so gern bei uns. Wohlstand verstecken wir halt, und so wird man reich, aber das muss ja niemand wissen. Reich ist man bei uns heimlich. Reich sein und es niemanden wissen lassen, das ist des Schwaben großes Glück. Auch so ein Grundsatz.

Dem sogenannten schwäbischen Geiz soll später ein eigenes Kapitel gewidmet werden, denn dieser Geiz ist ein nicht nur hochinteressantes, sondern auch hochkomplexes Phänomen, das man nicht so schnell erklären kann. Nur so viel schon einmal an dieser Stelle. Die Schwaben geben gerne und großzügig, aber sie wollen wissen, für was. Mit Geld prahlen geht gar nicht im Schwabenland. Wer dies tut, wird kaum schwäbische Bewunderung erlangen, eher skeptische Verwunderung.

Gern oder genauer gesagt: Eigentlich gar nicht so gern erinnert man sich am Stammtisch an den großkopfigen Fremden, der es sich nicht nehmen lassen wollte, am selbigen bei den Einheimischen Platz zu nehmen und gleich das große Wort zu schwingen. Das geht so eben gar nicht im Schwabenland. Zu schnell, zu kumpelhaft, aber auch zu großkopfig! Und dann sprach er noch dieses furchtbare, völlig stammtischunpassende Korrektdeutsch, sozusagen eine fremde Sprache von einem Lichtjahre entfernten Küstenstreifen. Fast glaubten die Stammtischler, einen leichten Fischgeschmack über ihrem Trollinger zu bemerken.

»Wie geht es denn so?«

Man hätte es schon verstehen können, Schwaben können im Notfall auch Hochdeutsch, aber dies war kein Notfall, sondern ein barbarischer Überfall der übelsten Sorte. Ungefähr vergleichbar mit einem Versicherungsvertreter, der Sie unangemeldet spätabends besucht und nach dem Öffnen der Wohnungstür an Ihnen vorbeiläuft, sich schnurstracks ins Badezimmer begibt und zu Ihrer Frau in die Wanne legt. Was würden Sie dazu sagen?

Der Stammtisch ist die Badewanne der schwäbischen Wirtschaft. Ohne Einladung geht eigentlich gar nichts. Schweigende Empörung empfängt den Eindringling.

»Was macht die wirtschaftliche Lage hier im Süden?«

Er bemerkt die Komplexität der Lage nicht. Ihm mangelt es an der schwäbischen Grundsensibilität. Eigentlich fehlt jetzt nur noch Schulterklopfen und körperliche Berührung. Die Schwaben starren situationsangemessen stumm ins viertellitergroße Weinglas.

»Was isst man hier denn so?«

›Du gar nichts‹, schwebt als unausgesprochener Gedanke über der eigenwilligen, aber im Schwabenland sehr weit verbreiteten Mischung aus Trollinger und Lemberger. Die chinesische Mauer sollte Barbaren fernhalten, hier am Stammtisch sind es die stillen Blicke, die im übertragenen Sinne ein schwäbisches Mauerbollwerk aufbauen, das in seiner abweisenden Wucht durchaus dem chinesischen Vorbild ebenbürtig ist.

Der Stammtisch ist von einem fremden Nordkopf geentert, okkupiert und stirnseitig in seiner ganzen Breite besetzt worden. Die entsetzten schwäbischen Viertelesschlotzer kämpfen einen tapferen Partisanenkampf um die verlorene Tischhoheit und versuchen verzweifelt, den aufdringlichen Außerirdischen vom geliebten Stammtisch wegzuschweigen.

Da geht die Tür auf und ein Spendensammler der Caritas betritt die Wirtschaft. Der fremde Stammtischeroberer zeigt sich von der großzügigen Seite und wirft fünfzig Euro in die Sammelbüchse. Hier verletzt der fremde Stammtischbesucher gleich noch einen Grundsatz des schwäbischen Denkens: »Lieber zehn Minuten lang geschämt, als womöglich zu viel gegeben.«

Die Schwaben am großen Tisch registrieren die üppige Spende mit stoischen Blicken aus den Augenwinkeln, allein die Gesichtsfarbe verrutscht ins Blässliche. Der Sammler streckt danach auch den Stammtischlern die Büchse vor die Nase und bekommt gleich vom ersten Viertelesschlotzer eine prompte, trotzdem gelassene und durchaus eloquente Antwort: »Jetzt aber! Das muss langen. Sie sehen doch, wir gehören zusammen!«

So wächst hier am schwäbischen Stammtisch selbst das zusammen, was vielleicht gar nicht zusammengehört. Da soll noch einmal jemand sagen, die Schwaben wären verschlossen und nicht kontaktfreudig.

Schwäbisch Geschichtliches

und amerikanische Legenden

Es gibt Geschichtsbücher, die beginnen mit dem Ende oder besser gesagt mit der knappen Zusammenfassung der niedergeschriebenen Erkenntnisse. Das ist nicht schlecht für den Leser und noch besser für den Nichtleser. Man muss nur wenige Zeilen überfliegen, spart sich den Rest des Buches und kann trotzdem mitschwätzen. Hobbyhistorikerherz, was willst du mehr? So wollen wir uns bei unserer kleinen historischen Betrachtung des schönen Schwabenlandes diesem nutzerfreundlichen Ansatz nicht verweigern. Einen Versuch ist es allemal wert.

Also. Welches spezifische Phänomen der Schwaben hebt sich ganz besonders von den Gegebenheiten anderer Völker Deutschlands und der Welt ab? Da denken eigentlich alle sofort an das eine. Kein Zweifel, die schwäbische Geschichte ist in besonderem Maße geprägt von großartigen Erfindungen, deren Stellenwert für die gesamte Menschheit gar nicht hoch genug bemessen werden kann. Dabei ragen einige Erfindungen besonders heraus. Die Schwaben erfanden die Kunst, das Automobil, den Teddybären, den Büstenhalter, das Viertelesglas und die Bahnhofsdauerdemonstration. Sie selbst glauben darüber hinaus fest daran, auch das Schaffen, das Putzen, das Sparen, das Schlotzen und das Schimpfen erfunden zu haben, das sie bei sich zu Hause »*Bruddla*« nennen. Sie könnten damit wohl sogar richtig liegen. Definitiv nicht erfunden haben sie, und das geben sie auch gerne zu, das Hochdeutsch, die Mode, den Müßiggang, die Molekularküche und das kleine Weinglas in der Wirtschaft.

Aber nun doch etwas genauer. Die Geschichte des Schwabenlandes verlangt eigentlich nach einem eigenständigen Werk, aber trotzdem seien auch dem nicht historisierenden Erzähler einige chronologisierende Zeilen gestattet. Der Ordnung halber. Damit alles am richtigen Platz steht. Wir Schwaben mögen es ja bekanntlich aufgeräumt. Also bringen wir es halt auf die Reihe, damit es die anderen nicht durcheinanderbringen. Wir wollen dabei kompakt bleiben und konzentrieren uns auf die letzten hundert Jahre. So Pi mal Daumen. Spannen wir einen Bogen vom Ersten Weltkrieg bis Stuttgart 21, zeitlich, meine ich. Für eine fundierte Aussage über inhaltliche Ähnlichkeiten ist es dann doch noch etwas zu früh.

Nur die erste Erfindung fällt zeitlich etwas aus dem Rahmen, den wir uns vorgenommen haben. Oder, um es genau zu sagen, sehr stark aus selbigem und darf trotzdem nicht ohne Erwähnung bleiben. Man könnte bei der historischen Betrachtung des Schwabenlandes locker einmal dreißigtausend und noch ein paar Jahre mehr zurückgehen und als Schwabe dann beruhigt feststellen, dass wir nicht nur beim Auto die Nase weit vorne hatten. Eigentlich suchen wir schon genauso lange wie vergeblich in den Gesteinsschichten der Schwäbischen Alb mit dem Hämmerchen in der Hand und notwendigerweise auch mit einer ordentlichen Portion schwäbischer Zuversicht ausgerüstet nach einer ähnlichen Weltsensation wie die Terracotta-Armee in China, die man ja auch erst 1974 entdeckt hat. Was wir bis vor einiger Zeit gefunden haben, sind aber immer nur irgendwelche versteinerten Meerestiere, die man im besten Fall auf dem Flohmarkt oder an den örtlichen Philatelistenverband verscherbeln kann. Wer Briefmarken sammelt, der macht das auch mit schwäbischen Fischversteinerungen. Aus Sammelleidenschaft oder zum Briefmarkenbeschweren.

Dann war sie da: die Sensation. Die Welt hat es noch nicht so richtig registriert, es ist aber sicher nur eine Frage der Zeit, bis die Schwäbische Alb Archäologen und Kunsthistoriker der ganzen Welt anlocken wird. Ganz klein scheint der Fund zwar, aber gleichzeitig auch ganz groß in seiner Bedeutung: Letztendlich war es reiner Zufall, dass wir mitten auf der Schwäbischen Alb über das gerade mal wohl älteste Kunstwerk der ganzen Welt stolperten. Über dreißigtausend Jahre alt ist der Frauenkörper aus Mammutelfenbein, der unbeachtet irgendwo in einer schwäbischen Höhle herumlag, während unsere lieben französischen Nachbarn für ein paar unbeholfene Kritzeleien an einer südfranzösischen Steinwand schon seit Jahrzehnten mächtig Eintritt verlangen. Dabei sind die Höhlenmalereien von Lascaux gerade mal halb so alt wie unsere Elfenbeinfigur. Bei gleichzeitiger Berücksichtigung der saftigen Ticketeinnahmen für die Grinsebacke im Louvre und der gesalzenen Autobahngebühren bis dorthin darf man gerne vermuten, dass die naiven ausländischen Kulturbesucher ungefähr die Hälfte des französischen Staatshaushalts bestreiten, ohne auch nur zu ahnen, dass die wirklich maßgeblichen Kunstwerke des Abendlandes auf der Schwäbischen Alb zu finden sind. Mit überschaubaren Eintrittspreisen und ohne Mautgebühren.

Unserer schwäbischen Mona Lisa der Steinzeit fehlt allerdings auch deren Lächeln, was damit zu erklären ist, dass ihr der ganze Kopf fehlt. Da ging damals wohl das Elfenbein aus. Die mächtigen Brüste der sogenannten »Venus vom Hohlen Fels« brauchten zu viel davon. Diese Fakten sollten den Betrachter aber nicht leichtfertig zu einer abschließenden Bewertung des Frauenbildes schwäbischer Künstler verführen. Geschlechtsspezifisch wesentlich unpräziser und dadurch aus frauenemanzipatorischen Gesichtspunkten sehr viel unkritischer zu sehen ist hingegen der genauso alte »Löwenmensch«, auch aus Mammutelfenbein, auch schön und auch von der Schwäbischen Alb. Passen Sie also auf, wenn Sie dort spazieren gehen, Sie befinden sich in einem lebenden Kunstmuseum der Menschheitsgeschichte. Ja, richtig, wir sind immer noch auf der Schwäbischen Alb. Man mag es fast nicht glauben.

Gut so weit. Zwar war das noch lange nicht alles, was die Schwaben bereits in der Steinzeit hervorgebracht haben, soll aber reichen, um zu zeigen, dass die Schwaben erstens schon immer früh dran waren, zweitens mit moderner Kunst keinerlei Berührungsängste haben und drittens, dass Mammutelfenbeingranatenbrüste eigenartigerweise auch nach dreißigtausend Jahren nicht der Erdanziehungskraft nachgeben. Da dies auch im Schwabenland normalerweise anders ist, ergab sich zu einem späteren Zeitpunkt wieder die Chance zu einer großen schwäbischen Erfindung, die es auch in den Größen »Medium« und »Small« geben sollte. Oder aber in »A«, »B«, »C« und sogar »D«. Die Dame aus der Steinzeit hätte wohl sogar »E« gebraucht. Aber zu jener Zeit war es ja noch gar nicht erfunden. Dazu später mehr, vorerst kehren wir noch einmal zum Elfenbein zurück.

Als damals schließlich das letzte Schwabenmammut erlegt war und damit in der vorher nicht bedachten Folge auch das Mammutelfenbein ausging, da zog man sich im Schwabenland weltgeschichtlich gesehen eben ein wenig zurück und überließ den Philosophen, Dichtern und Denkern die Bühne. Erst als die Schwaben völlig überhegelt waren, da krempelten die Tüftler und Erfinder wieder die Ärmel hoch und erfanden das Auto. Aus historischer Sicht kann dies ein Indiz dafür sein, dass es bei den Schwaben einen Erfindungszyklus für weltbewegende Großerfindungen gibt, der sich auf geschätzte gut dreißigtausend Jahre bemisst und in Erfinderfachgremien heute schon Diskussionen auslöst: Was werden die Schwaben in 29.900 Jahren erfinden? Man darf gespannt sein. Auf jeden Fall zog man mit dem Automobil erst einmal fröhlich ins zwanzigste Jahrhundert ein, das dann aber auch im Schwabenland einige schattige Momente hatte.

Aber der Reihe nach. Was war los bei den Schwaben in diesen letzten hundert Jahren? So viel ist es jetzt auch wieder nicht. Nachdem die Schwaben das Auto erfunden hatten und sehr dankbar waren, dass der Radiergummi bereits erfunden war, mit dem man den badischen Anteil an dieser bahnbrechenden Erfindung ausradieren konnte, da waren sie schon der Meinung, dass dieses Geschenk an die Menschheit als historischer Meilenstein für die weltpolitische Relevanz des Schwabenlands Ewigkeitscharakter hat.

Doch was geschah noch zu dieser Zeit? Wir befinden uns am Ende des neunzehnten Jahrhunderts. Das Auto war fertig. Fahrbereit stand es vor uns. Da ereignete sich die nächste, wohl noch größere Sensation, die eine über dreißigtausend Jahre andauernde Diskussion über die Stellung der Frau in der schwäbischen Gesellschaft abrupt beenden sollte. Doch das Gegenteil war der Fall. Der ganze Heckmeck ging erst richtig los. Was war passiert?

Eigentlich ganz einfach. Mann gab Frau den Schlüssel und sagte zu ihr: »Fahr du.« Wahrscheinlich war es doch eher die Kurbel und nicht der Schlüssel, aber egal. Die Überlassung eines nagelneuen Automobils an die Gattin ist eine weitaus sensationellere Sensation als dessen Erfindung. Eine historische Sternstunde, automobile Gleichberechtigung vom ersten Tag an. Da spielt es doch nur eine untergeordnete Rolle, dass es der Badener Carl Benz war, der 1888 seine Frau Bertha fahren ließ. Haben wir bei unserer Auflistung bahnbrechender Erfindungen gar eine ganz wichtige vergessen? Wurde hier im Schwabenland, im Herzen Europas, sogar die Emanzipation der Frau vom Mann erfunden? Oder müssen wir die Geschehnisse an jenem Schicksalstag doch anders bewerten? Hat ein Badener nur wegen mangelnder Durchsetzungskraft gegenüber seiner Frau eventuell dafür gesorgt, dass wir schwäbischen Männer entgegen unserer göttlichen Berufung zum Führen von automobilen Neuheiten dazu gezwungen sind, liberale Miene zu bösem Spiel zu machen und bei der nächsten Abholung unseres neuen Daimlers in Sindelfingen der Frau den Schlüssel hinstrecken und sagen zu müssen »Fahr du«?

Das muss jetzt aber wirklich nicht sein. Allein der Gedanke daran, dass die Frau das Auto aus dem Vorführraum steuern soll, lässt uns Schwaben schon beim Beginn der Übergabefeierlichkeiten die Breite des Ausfahrtstors mit unserem eigenen Auge abscannen und im Kopf die theoretische Wahrscheinlichkeit einer seitlichen Kollision berechnen. Die Mendelschen Gesetze, Charles Darwin, die Bibel oder einfach die naturgegebene irdische Ordnung der Dinge, alles spricht dafür, dass es nicht in Ordnung und damit zu verhindern ist, dass heute Frauen Kratzer und Schrammen in unsere Heiligtümer auf Chromfelgen fahren. Ein echter Schwabe lässt seine Frau nie fahren, schon gar nicht mit einem neuen Auto, und wenn doch, dann nur, wenn es sieben Viertele Trollinger unumgänglich machen und er vom Beifahrersitz sturzbetrunken Fahr- und Richtungsanweisungen geben kann und somit das Gefühl hat, das Kommando über das heilige Blech zu behalten. Erfahrene schwäbische Ehefrauen lassen das Auto am Abend samt besoffenem Gatten in der Garage, wo er dann noch bis in die frühen Morgenstunden hinein wirre Befehle von sich geben kann, nur um am darauffolgenden Abend seinen Kegelbrüdern zu erläutern, wie er seine verunsicherte Gattin trotz drei Promille souverän über Deutschlands Straßen nach Hause dirigiert hat. Ohne ihn wäre da gar nichts gegangen.

Halten wir als historische Tatsache fest, dass der schwäbische Mann auch in seiner Garage gut schläft, weil er sich dort so angenehm sicher sein kann, dass niemand mit »*saim karra romfährt*«. Es sollte auch nicht bezweifelt werden, dass der Schwabe die durch badische Problemmänner angefachte Idee weiblicher Gleichberechtigung beim Fahren eines Automobils resolut ablehnt. Damit schließen wir diese Sackgasse emanzipatorischer Verwirrungen und versuchen uns doch noch einmal an der Fortführung einer überschaubaren Geschichtschronologie der Schwaben nach der Erfindung des Autos.

Wenden wir uns endlich dem zwanzigsten Jahrhundert zu. Kaum hatten wir Schwaben für die Welt das Auto erfunden, war es schon wieder aus mit der guten Stimmung. Im Endeffekt nahm uns der Erste Weltkrieg viele Menschenleben, den württembergischen König Wilhelm und die Überzeugung, dass am deutschen Wesen die Welt genesen könnte. Im Gegenteil: Der Vertrag von Versailles ließ Deutschland und das Schwabenland bitter bezahlen.

Da galt eben das strikte Verursacherprinzip. Von dem Geld, was übrig blieb, ließ man sich mitten in Stuttgart vom berühmten Architekten Paul Bonatz einen großen modernen Bahnhof bauen, der zwischen 1922 und 1928 nach und nach eröffnet wurde. Als oberirdischer Sackbahnhof! Das war ziemlich kurz gesprungen. Hätte man damals Stuttgart »19«21 nach unten gelegt, dann hätten wir heute dieses ganze Tamtam nicht. Hier wurde der Grundstock gelegt für die letzte schwäbische Erfindung, und das ist für viele, um nicht zu sagen für die schweigende Mehrheit der Schwaben durchaus in jedem Sinn so gemeint. Vor dem städtischen Krieg aber noch einmal zurück zur Chronologie.

Auch der Zweite Weltkrieg verlief fast ohne schwäbische Besonderheiten ab, mit all seinen Grausamkeiten, seinem Leid und den allen Beteiligten bekannten Lügen. Der Zweite Weltkrieg begann 1939 und endete 2007 mit einer erschütternden Rede des damaligen Ministerpräsidenten Günther Oettinger. Hans Filbinger war gestorben und Oettinger versuchte zu rechtfertigen, was nicht zu rechtfertigen war. Hans Filbinger war von 1966 bis 1978 Ministerpräsident von Baden-Württemberg. Davor war er auch einmal Marinerichter im Dritten Reich. Er sprach – und das ist wohl nachgewiesen – für Nichtigkeiten Todesurteile aus und achtete sehr darauf, dass die Vollstreckung nicht verzögert wurde, was man allerdings nicht so genau nachweisen konnte. Dass er mindestens einmal bei der Vollstreckung eines seiner furchtbaren Fehlurteile persönlich anwesend war und selbst den Schießbefehl gab, ist zwar ebenfalls juristisch nicht eindeutig belegt, vermindert seine Schuld aber nicht.

Als dies alles bekannt wurde, wusste er erst einmal von nichts, wusste es dann doch, hatte es aber über die recht lange Zeit vergessen und beharrte am Ende auf der zeitlosen Rechtmäßigkeit seiner konsequenten Richterurteile. In diesem Sinne war es gut, dass er nach dem Krieg Ministerpräsident wurde und nicht Richter blieb.

Wehrdienstverweigerer hätten mit dieser Geisteshaltung wohl mit Erschießung rechnen müssen. Dass einer seiner Nachfolger bei der Beerdigung die Leistungen des verstorbenen Ministerpräsidenten würdigte, geht in Ordnung. Dass er ihn angesichts der Faktenlage dem Widerstand gegen den Nationalsozialismus zurechnete, geht nicht in Ordnung. Ebenso wenig, dass Filbinger bis zu seinem Tod öffentlich niemals Einsicht oder Reue gezeigt hatte. Das tut weh, aber auch das gehört zur Geschichte des Schwabenlandes. Stolz sind wir nicht darauf.

Es gab in der Nachkriegsgeschichte noch eine Beerdigung von Tätern, die nicht bereuen wollten, was einen mutigen Oberbürgermeister jedoch nicht dazu bewegt hat, ihnen deswegen die letzte Ruhestätte in Stuttgart zu verweigern. Es war keine gewöhnliche Trauerfeier, die am 27. Oktober 1977 auf dem Stuttgarter Dornhaldenfriedhof im Stadtteil Degerloch stattfand. Beigesetzt wurden an diesem Tag in einem Gemeinschaftsgrab Andreas Baader, Gudrun Ensslin und Jan-Carl Raspe. Die drei Terroristen der RAF hatten sich wenige Tage zuvor im Hochsicherheitstrakt des Gefängnisses von Stuttgart-Stammheim das Leben genommen.

Warum er die Beisetzung in Stuttgart genehmigte, beantwortete Manfred Rommel mit deutlicher Klarheit: »Pfarrer Ensslin, der Vater von Gudrun Ensslin, wollte seine Tochter zusammen mit den beiden anderen beerdigen lassen. Das war zu respektieren, und ich wollte deshalb kein bürokratisches Theater. Meine Sorge war, dass am Ende noch in den Bezirksbeiräten diskutiert wird, ob Baader und Raspe, die keine Stuttgarter waren, überhaupt ein Recht hätten, hier beerdigt zu werden. Dann hätte es womöglich ein Hin- und Hergeschiebe der Leichen gegeben, das wäre unwürdig gewesen. Nach dem Tod endet jede Feindschaft.«

Schwäbische Bürokratie ist überwindbar, Entscheidungen werden getroffen, heftige Kritik akzeptiert man und hält sie aus. Jahrzehnte danach wissen alle, dass es so richtig war. Darauf kann man im Schwabenland auch stolz sein.

Wenden wir uns noch einmal unkomplizierteren Themen zu, die durchaus auch historischen Charakter haben und etwas mehr Spaß machen als Begräbnisse. Nach dem Krieg wurden die Schwaben mit den Badenern in ein gemeinsames Bundesland vergattert. Diese Zwangsehe und ihre Begleiterscheinungen waren ein eigenes Kapitel wert. Landeshauptstadt wurde bekanntermaßen Stuttgart, was wiederum vielleicht ein Grund dafür war, das komplett zerstörte Schloss als Zeichen der Herrschaft über die Badener originalgetreu wieder aufzubauen. Viele waren und sind der Meinung, dass dies zum Fenster hinausgeschmissenes Geld für ein unansehnliches Bauwerk alter Art war.

Die Planer des Neuen Schlosses waren allerdings ihrer Zeit weit voraus, denn sie scheinen geahnt zu haben, was viele andere erst 2006 feststellten, es dann aber auch in Massen laut und klar bekannt gaben, artikulierten, sangen, brüllten – und damit eine selbstverständliche Wahrheit endlich lautstark verkündeten: »Stuttgart ist viel schöner als Berlin, schöner als Berlin, schöner als Berlin!«

Im Stadion des VfB Stuttgart wurde schließlich auch demonstriert, dass das Spiel um den dritten Platz einer Fußballweltmeisterschaft dem großen Finale in Bezug auf Begeisterung und Enthusiasmus die Show stehlen kann. Auch das gehört zur Geschichte des Schwabenlands. Darauf sind wir »granatenmäßig« stolz.

Im August 1993 durften wir schon einmal besonders stolz sein. Die Leichtathletik-Weltmeisterschaft fand im Gottlieb-Daimler-Stadion statt. Sie wurde von insgesamt 585.000 Zuschauern besucht, die höchste je erreichte

Zuschauerzahl bei Leichtathletik-Weltmeisterschaften. Für »das große Zuschauerinteresse, die Fachkunde und Begeisterung des Publikums« wurden die Besucher der WM mit dem Fairplay-Preis der UNESCO ausgezeichnet. Nicht nur die Sportler aus dem Gastgeberland wurden angefeuert. Jeder Starter, egal aus welchem Land, erntete Respekt, Beifall und oft sogar enthusiastische Begeisterung von den Rängen. Die La-Ola-Welle schwappte unzählige Male über die Reihen der Zuschauer hinweg und durch das gesamte Stadion. Auch nationaler Stolz hatte seinen berechtigten Platz, die Freude, der Spaß und das Fest aber kannten keine Grenzen. Die Sportler und ihre Fans aus aller Welt bescherten zusammen mit ihren schwäbischen Gastgebern der Leichtathletik eine tolle Party. Gerne noch einmal. Auf diesen Preis der Weltorganisation sind wir nämlich sehr stolz.

Sportlich gesehen sind aller guten Dinge drei. Auf den VfB Stuttgart sind die meisten Schwaben stolz, obwohl er es einem manchmal recht schwer macht. Im Jahr nach der Fußballweltmeisterschaft in Deutschland war es auf einmal wieder einfacher. Der VfB Stuttgart wurde deutscher Fußballmeister, die Metropolenschwaben feierten ihre Meistermannschaft mit einer unglaublichen Party bis tief in die Nacht. Man schaute auf all die fahnenschwingenden, singenden und tanzenden Schwaben und war sich plötzlich nicht mehr so sicher, ob das die Königsstraße von Stuttgart war oder das Sambódrome von Rio de Janeiro während des Karnevals. Die Party rund um die Meisterschaft hatte südamerikanische Züge, das kann bei den Boca Juniors in Buenos Aires nicht mehr zu toppen sein.

Aber wir Schwaben wollten noch mehr, wollten in diesem Jahr alles, und in ganz Stuttgart war man sich sicher, dass es im Meisterschaftsjahr 2007 erstmals passieren sollte. Der VfB stand auch noch im Finale des DFB-Pokals und die letzte Hürde namens 1. FC Nürnberg sollte im Berliner Olympiastadion locker gemeistert werden. Doch die Franken erwiesen sich als Spielverderber, gewannen in der Verlängerung und verhinderten das historische Double.

In der 109. Minute des 64. DFB-Pokal-Endspiels in Berlin am 26. Mai 2007 verhinderte Jan Kristiansen mit einem strammen Schuss von der Strafraumgrenze ins lange Toreck, dass dem VfB Stuttgart etwas gelang, was bei den nachfolgenden Feierlichkeiten sicherlich zu einem Sittenverfall geführt hätte, der schon im alten Rom zum Untergang eines Weltreichs reichte. Das wollten wir Schwaben nicht riskieren. Schwäbischer Anstand, Sitte und Moral blieben erhalten, und das schwäbische Weltreich blieb bestehen. Und das war auch gut so. Da kann man schon auf so ein deppertes Double verzichten. Wer definiert sich schon über Fußball? Die Bayern halt!

Dem aufmerksamen Leser wird aufgefallen sein, dass zwei immer wieder angedeutete Aspekte verschwunden sind. Der eine ist die strenge Chronologie der historischen Skizzierung. Stimmt, das lässt sich nicht mehr ändern. Der Autor hofft auf Vergebung und darauf, dass die geschichtlichen Kernpunkte getroffen wurden und die Darstellung ein wenig zum Verständnis der Schwaben beitragen konnte. Darüber hinaus wurde die eine oder andere Erfindung angedeutet, aber nicht näher erläutert. Stimmt auch.

Da war etwas mit »A«, »B«, »C« und so weiter. Damit waren Körbchengrößen gemeint und die Erfindung des Büstenhalters. Der schwäbische Korsettmacher Wilhelm Meyer-Ilschen aus Cannstatt entwickelte 1904 eine Bruststütze ohne Unterteil und vergaß, sie erst einmal patentieren zu lassen. Ein anderer Cannstatter, Sigmund Lindauer, ging 1912 mit den ersten Büstenhaltern in Serienfertigung und hatte mit seinen BHs unter der Bezeichnung »Prima Donna« weltweit großen Erfolg. Er vergaß dabei nicht, jede technische Besonderheit immer wieder patentieren zu lassen. Stuttgart-Bad Cannstadt war zu jener Zeit sicherlich der Büstenhalternabel der Welt.

Trotzdem gibt es staatspolitische Gründe, mit der Erfindung des Büstenhalters ebenso zurückhaltend umzugehen wie mit der Entwicklung des ersten Teddybären mit beweglichen Armen und Beinen. Der wurde sozusagen 1902 in Giengen an der Brenz geboren, und seine Geschichte wird dort in einem Museum erzählt. Das Museum trägt den Familiennamen, den man bis heute auch in Amerika mit hochwertigen Stofftieren und eben dem Teddy verbindet: Steiff!

Es gibt aber sowohl beim Teddybären als auch beim Büstenhalter amerikanische Legenden der Erfindung, die wir zwar für zweifelhaft halten, die wir aber nicht diskutieren oder gar aufgrund der schwäbischen Faktenlage zerlegen wollen. Es hätte nach dem Zweiten Weltkrieg schlimmer kommen können für das Schwabenland. Da danken wir den Nachfolgern von Theodore »Teddy« Roosevelt gerne dafür und akzeptieren die amerikanischen Legenden des Mitwirkens bei der Erfindung von Teddybär und Büstenhalter. Denn eines haben wir Schwaben zwar nicht erfunden, aber besitzen es entgegen anders lautender Gerüchte zur Genüge: ein tolerantes großes Herz!

Schwäbisch Unproblematisches #1

Saumäßig schön: Stuttgarter Aussichten

Die Stuttgarter Aussichten sind nicht gerade rosig, aber das kratzt die Schwaben auch nicht so sehr. Sie schauen lieber auf das Grün der Weinberge, denn dieser Anblick ist nicht nur schön, sondern führt im Endeffekt zu einem farblichen Ergebnis im Viertelesglas, das unter Umständen dann doch ein äußerst bekömmlicher Rosé sein kann.

Die schönste Landeshauptstadt der ganzen Welt liegt nämlich in einem mit vielen Weinbergen geschmückten Talkessel und hat dadurch so viele Aussichtspunkte, dass man ungefähr zwei Jahre beschäftigt wäre, wenn man jede Woche einen anderen Ort besuchen würde, mit Blick in die Ferne und hinunter auf die wunderbare Stadt im Tal. Wer nach Stuttgart fährt, kann mit Fug und Recht sagen, er gehe »*downtown*«, und wenn man bedenkt, dass die Stuttgarter Stadtmarketingexperten immer noch verzweifelt nach einem griffigen Slogan suchen, der auch international helfen könnte, aus den Besucherrinnsalen Ströme zu machen, dann scheint

»*Downtown*« als Kernbegriff eine attraktive Option zu sein.

Der tiefste Punkt der Stadt liegt 200 Meter, der höchste gut 500 Meter über dem Meer, das allerdings zugegebenermaßen ganz schön weit entfernt ist. Statt Schwimmen im Meer kann man aber auf über 300 öffentlich zugänglichen Treppenanlagen oder auch »*Stäffele*«, wie man es in Stuttgart korrekt formulieren würde, die Stadt rauf und runter laufen oder eben, wie man hier gern sagt, rutschen und dabei verstehen, wieso die Stuttgarter im schwäbischen Volksmund häufig *Treppenrutscher* genannt werden.

Nehmen Sie das mit dem Rutschen aber nicht so wörtlich. Wer partout keine Treppen steigen will, für den gibt es viele andere Möglichkeiten. Fährt man zum Beispiel die Stadtbahn nach Degerloch hinauf, kann man durch ein hundert Meter breites Guckloch einen tollen Blick über die Stadt erhaschen.

Auf die Nahverkehrsentdecker warten noch zwei skurrile Bahnen. Die Zacke oder auch »*Zacketse*«, wie sie von vielen Kennern genannt wird, ist eine moderne Zahnradbahn und führt vom Marienplatz hinauf nach Degerloch. Oder, wie die Stuttgarter Fußballfans sagen würden: hinunter in die tabellarischen Niederungen der Stuttgarter Kickers, die nur geografisch-topografisch gesehen über dem VfB stehen.

Von Heslach zum sehenswerten Waldfriedhof führt eine weitere historische Standseilbahn. Ein solches Verkehrsmittel nicht im Hochgebirge, sondern in der Landeshauptstadt Stuttgart zu erleben ist schon eine ausgesprochen schwäbische Besonderheit. Ob diese rotbraunen Nostalgiewagen an den beiden Enden des Seils allein schon einen Vergleich mit San Francisco rechtfertigen, sei einmal dahingestellt. Trotz gespitzter Ohren habe ich dort bei meinen vielen Fahrten mit der berühmten »*Cable Car*«-Bahn noch nie jemand sagen hören: »Das ist doch ganz wie in Stuttgart hier!«

Der Stuttgarter Einfallsreichtum bei der Auswahl von Spitznamen für so ein altes Verkehrsmittel scheint auf jeden Fall grenzenlos, da sind wir den Kaliforniern um Lichtjahre voraus. Ist es für die einen die Lustige-Witwen-Bahn, so nennen es die anderen den Erbschleicherexpress. So manche zukünftige männliche Leiche wird sich bei der Bergfahrt zum Friedhof schon was dabei denken, denn: »Wo ist der Unterschied?«

Stuttgart kann saumäßig schön sein und überrascht immer wieder. Mitten in der Stadt gibt es Weinberge, Wälder, kleine Parkanlagen und direkt oberhalb des Stadtzentrums sogar ein wunderschönes kleines chinesisches Teehaus. Hier wird die schwäbische Hauptstadt fast romantisch. Selbst der Waldfriedhof nimmt dem Tod ein wenig die Bitterkeit und empfängt viele fröhliche Spaziergänger, auch turtelnde Pärchen. Wahrscheinlich auch erbschleichende Nachkommen, aber die Mischung aus alledem macht diesen ehrwürdigen Platz der Toten durchaus äußerst lebendig. Und die Toten scheint es nicht zu stören. Gehen Sie ruhig mal hin und überzeugen Sie sich selbst. Ich glaube, die Toten haben es gern, wenn die Lebenden nicht so viel Angst vor ihnen haben. Nur die Erbschleicher sollten vorsichtig sein. Manche sind dort oben spurlos verschwunden. Ihre Schleifspuren enden immer abrupt an einem Grab.

Aber es gibt natürlich auch totenfreie Aussichtspunkte – hier einige der schönsten. Rein subjektiv ausgewählt. Es gibt noch viele andere, lassen Sie sich durch die unten stehenden Vorschläge bloß nicht einschränken. Wenn Sie weitere Tipps bekommen: nichts wie hin.

Aber wo fangen wir an? Natürlich beim Stuttgarter Wahrzeichen. Das ist der frisch renovierte erste Fernsehturm der Welt, der aber 25 Euro Eintritt kostet. Für das ganze Jahr! Wenn Ihnen ein Mal reicht, sind es überschaubare drei Euro.

Die meisten anderen Aussichtspunkte sind kostenlos. So der Bahnhofsturm mit dem drehenden Mercedesstern, von dem aus man nicht nur das Stadtzentrum gut sehen kann, sondern in den nächsten Jahren wohl auch die größte Baustelle weit und breit. Dem Riesenprojekt Stuttgart 21 ist auch eine Dauerausstellung im Bahnhofsturm gewidmet. Vielleicht bleibt es für immer bei der Ausstellung. Gegner der Baumaßnahmen gibt es viele, und sie sind laut und hartnäckig. Befürworter gibt es ebenfalls viele – und sie sind nicht leiser. Mal sehen, wer am Ende lauter schreit. Hoffentlich gibt es keinen schwäbischen Bürgerkrieg. Der hiesige Grundkonsens darüber, wie man miteinander umgeht, gerät so langsam ins Wanken. Egal, was passiert, wie es passiert, es ist nicht schwäbisch und auch nicht gut.

Von April bis Oktober lockt das Teehaus im Chinesischen Garten mit einem schönen Blick auf die Stuttgarter Innenstadt. Man kann vom Bahnhof mit der Buslinie 44 fahren, man schafft es aber auch zu Fuß. Genau auf der anderen Seite des Bahnhofs lockt die Aussicht vom Turm der Musikhochschule Stuttgart. Das 1996 fertiggestellte

Gebäude hat einen fünfzig Meter hohen Rundturm, der nicht nur einen schönen Blick auf den Schlossgarten und die Museen der Stadt ermöglicht, sondern auch ein netter Platz für ein Picknick ist. Die Aussichtsplattform ist einigermaßen windgeschützt und von April bis Oktober geöffnet. Wenn Sie Glück haben, können Sie noch dem Konzert eines talentierten aufstrebenden Künstlers beiwohnen. Wenn Sie Pech haben, hat der junge Künstler kein Talent. Trotzdem ist die Musikhochschule bis jetzt noch ein echter Geheimtipp. Beeilen Sie sich also mit dem Besuch.

Kein Geheimtipp, aber ein absoluter Pflichtaussichtspunkt für jeden Besucher ist der Birkenkopf im Südwesten der Stadt. Die Stuttgarter nennen den mit 511 Metern Höhe höchsten Berg im Stadtgebiet liebevoll »*Monte Scherbelino*«. Zwischen 1953 und 1957 wuchs der Berg um rund vierzig Meter, da auf seiner Anhöhe der Trümmerschutt aus dem Zweiten Weltkrieg abgelagert wurde. Bei klarer Sicht sieht man bis zur Schwäbischen Alb und zum Südschwarzwald. Wenn man nichts sieht und es stürmt und schneit, dann hat man wenigstens viel frische Luft und entdeckt unterhalb des riesigen Kreuzes ein beeindruckendes Mahnmal gegen den Krieg.

Aber keine Angst: Bei rund 1.800 Sonnenscheinstunden in Stuttgart pro Jahr ist bestimmt auch eine Stunde für Ihren Besuch auf dem Birkenkopf reserviert.

Schwäbisch Katastrophales

oder der Geschäftspartner

Es ist eine einzige Katastrophe, und ehrlich gesagt weiß niemand so ganz genau, auf welche Weise man das Problem lösen könnte. Wie lautete der berühmte Funkspruch von Apollo 13 aus den unendlichen Weiten des Weltalls? »*Houston, we have a problem!*« Es dauerte einen ganzen Kinofilm und eine Megatüte Popcorn lang, aber am Ende löste Houston das Problem. Die Apollo-Besatzung wurde gerettet. Alle waren zufrieden und glücklich. Aber wer rettet uns?

Hier unten auf der Erde im Zentrum der schwäbischen Kultur haben wir ein mindestens ebenso großes Problem, aber kein Kontrollzentrum mit geheimnisvollen Knöpfchen im Ohr, das uns in unserer misslichen Lage beistehen könnte. Der Welt ist es egal, aber das Problem rüttelt an den Grundlagen der schwäbischen Existenz. Die UNESCO meckert an irgendwelchen Brücken in Dresden herum, kümmert sich um aussterbende Tierarten in Afrika und bedrohte Naturlandschaften in Südamerika, aber keiner merkt, dass hier, mitten in Süddeutschland, ein kulinarisches Desaster erschütternden Ausmaßes seinen unaufhaltsamen Gang nimmt, an dessen Ende die endgültige Vernichtung des schwäbischen Kartoffelsalats stehen könnte.

Die Menschheit steuert sehenden Auges in eine von norddeutschen Fischfressern angetriebene Mayonnaisierung der deutschen Kartoffel. Die weiße oder genauer gesagt schlammfarbene Schlunze wird wahrscheinlich irgendwann einmal der Weltbevölkerung den Garaus machen. Wegen der häufigen Salmonellenerkrankungen in Alten- und Pflegeheimen nennt man Mayonnaise heute schon oft ganz böse auch schlicht den dickflüssigen, bleichen Todbringer. In einigen nicht so gern mit Namen benannten Politikerkreisen spricht man auch vom Rentenverkürzer, der Seniorenpaste oder dem demografischen Sonderfaktor, wenn man das grausliche saure Eierzeug meint. Es ist sicher so, dass man die leeren Rentenkassen durch Mayonnaise sehr schnell entlasten könnte. Auch die Rente mit 65 wäre wieder bezahlbar, vorausgesetzt, die Rentner verpflichten sich zum regelmäßigen Verzehr von Mayonnaise.

Ein Problem bleibt ungelöst und verhindert dieses zugegebenermaßen etwas eigenwillige Rentensanierungskonzept. Das Zeug schmeckt einfach nicht. Und macht Pickel. Und dick noch dazu, solange man es überlebt.

Ich war schon sehr früh davon überzeugt, dass Menschen, die Pommes mit Mayo bestellen, auch in anderen Wesenszügen eigenartig sind. Jedes Mal, wenn ich ein pickelig bleiches, kränkliches Jungengesicht mit hängenden Boxerhundbacken sehe, bei dem wohl auch Liter von Clearasil nicht helfen würden, denke ich mir im Stillen: »Was Mayonnaise doch aus einem Menschen machen kann.«

Und dieses Teufelszeug kriecht jetzt wie die heiße Magma eines explodierenden Vulkans langsam, aber unaufhaltsam auf die württembergischen Esstische zu. Es soll schon Schwaben geben, die Mayonnaisesalat für gar nicht so ungenießbar halten. Das wäre das Ende. Wenn es denn stimmen würde. Aber es stimmt nicht. Der echte Schwabe erstickt an Kartoffelsalat mit Mayonnaise. Das weiß er. Deswegen macht er einen großen Bogen um diese Pampe. Das ist so sicher wie das Amen in der Kirche.

Aber ein Problem bleibt. Wo sind die echten schwäbischen Wirtschaften, in deren heiligen Hallen der Koch noch weiß, wie man einen richtigen schwäbischen Kartoffelsalat macht oder wenigstens eine Oma in der Waschküche sitzen hat, die es nicht nur kann, sondern für ihren unfähigen Enkel auch jeden Tag macht. Wenn die verzweifelte Suche nach einer Unsterblichkeitspille in irgendeiner Form ihre Berechtigung haben sollte, dann für diese nur selten das Tageslicht erblickenden Kartoffelsalatomas. Es sind die Herrscherinnen aller Schüsseln, die an diesem dunklen und geheimen, ja fast magischen Ort tief in den Katakomben der Wirtschaft mit engelsgleicher Geduld lauwarme Kartoffelscheiben zu jenem *»bäbbigen«* Gesamtkunstwerk zusammenrühren, für dessen Genuss Schwaben sich sogar mit einer Sojus-Rakete in die Umlaufbahn eines weit entfernten Himmelsplaneten schießen lassen würden. Hauptsache, man würde dort zum Abendessen einen gescheiten Zwiebelrostbraten und eine braune Bratensauce bekommen, mit der man dann wollüstig handgeschabte Spätzle und lauwarmen Kartoffelsalat vermengt.

Vermengen bedeutet, dass wir die einzelnen Komponenten dieser paradiesischen Mahlzeit in einem möglichst tiefen Teller voll dunkler Bratensauce untereinanderheben, um durch die Zusammenführung verschiedenster Konsistenzen und Aromen eine Geschmacksmelodie von symphonischer Größe und Reinheit auf die Gabel zu bekommen. »Gescheit« hat in diesem Zusammenhang nichts mit Klugheit oder Intelligenz zu tun, sondern bedeutet, dass das vor uns liegende Fleischstück eben ein gescheites ist.

Wie soll man das jetzt wieder erklären? Ein gescheiter Rostbraten ist auf jeden Fall groß, kommt von einem schwäbischen Metzger, der ein schwäbisches Rindvieh hochkompetent für Zungenwurst, saure Kutteln, »*Soichnierla*« (Nieren mit vorsilbiger Erwähnung des organischen Einsatzgebietes) und eben vor allem für Rostbraten zerlegt hat. Ein gescheiter Rostbraten schmeckt einfach saugut, so, wie ein gescheiter Kartoffelsalat eben »*zom verrecka*« gut schmeckt, aber im Detail auch nur schwer zu beschreiben ist. Er darf nicht »*furzdrogga*« sein, er ist besser »*soichnass*«. Aber wenn man es genau nimmt, dann wiegt der Kartoffelsalat essende Schwabe ganz bedächtig den Kopf und meint nur: »*So ko mrs au wieder net saga.*« Das hilft dem Nichtschwaben dann auf der Suche nach dem schwäbischen Kartoffelsalatgeheimnis auch nicht viel weiter.

Es nützt dem strebsamen Leser jetzt kochentwicklungstechnisch gesehen gar nichts, genauer gesagt überhaupt gar nichts, wenn man geheime Rezepturen ausplaudert und zum Beispiel preisgibt, dass der Salat aus festkochenden Kartoffeln gemacht wird, deren Sorte immer nach geheimnisvoll klingenden Frauenvornamen benannt ist, also Sieglinde, Gertrud oder Christa, niemals aber nach Mailin oder gar Hans-Peter oder so. Diese Gerlinde zum Beispiel wird also in dünne »*Rädle*« geschnitten und mit Zwiebeln, warmer Fleischbrühe, Essig, Öl, Salz und Pfeffer angemacht und abgeschmeckt.

Das Rezept ist also wirklich kein Gehcimnis. Das Rätsel beginnt, wenn man alle Zutaten vorschriftsmäßig verarbeitet hat und das Ergebnis dann leider doch eine graugelbe Matschepampe ist, die einfach gottserbärmlich grausam schmeckt und bei schwäbischen Testessern zu sofortigem Haarausfall, Akne, Hautausschlag und Erbrechen führt. Ähnliche Symptome wie beim Verzehr von Mayonnaise eben. Der vorsichtigste Kommentar, den man in einer solchen Situation erwarten darf, ist kurz und klar: *»Kosch net fressa!«*

An der hausfraulichen Unfähigkeit, einen gescheiten Kartoffelsalat herzustellen, scheitern viele Ehen im Schwabenland, und jeder schwäbische Scheidungsrichter hat Verständnis für den geplagten Mann. Aber wenn der Salat gelingt, wenn sie *»en nogriagt«* (hinbekommt, genauer gesagt, wenn das Ergebnis ihrer hausfraulichen Bemühungen eines ist, das der Schwabe beanstandungsfrei verschlingen kann), wenn die Spätzle handgeschabt vom Brett fallen und der Braten für eine gute Sauce sorgt, wenn das alles zusammenkommt oder eben alles, wie schon erwähnt, miteinander vermengt wird, dann entschwebt der schwäbische Nassesser beim genussvollen Verzehr ins spätzleumrankte Rostbratennirwana. Dann liebt er seine Frau und hat sie einfach zum Fressen gern. Dann kann es passieren, dass dem eigentlich im strengen Lobeszölibat lebenden, jetzt aber frohgemut gesättigten Schwaben das größte Lob entgleitet, das man einem Schwaben entlocken kann: *»Des isch besser wie a Gosch voll Glufa.«* (*Glufa* sind Nadeln – oder besser gesagt Reißnägel.)

Gibt es schönere Komplimente? Ist es überhaupt eins oder bedeutet diese Aussage doch nur, dass der gemeine Salatversuch der kartoffelsalatjungfräulichen Neugattin immerhin noch besser ist als gar nichts zum Essen zu kriegen? Wäre ein *»mr koa net maula«* komplimenttechnisch gesehen hochwertiger? Der geneigte Nichtschwabe muss das jetzt nicht verstehen, Fremdsprachen sind nun einmal schwierig.

Die Zubereitung eines gescheiten schwäbischen Kartoffelsalats bereitet der ungeübten Hausfrau auf jeden Fall große Probleme, Respekt vor denen, die es wenigstens versuchen. Wenn diese mutigen Menschen, jede von ihnen gewiss eine deutsche Jeanne d'Arc der Kartoffel, wenn diese heroischen Frauen dann nach redlichen Bemühungen vor dem absolut ungenießbaren, Auge und Gaumen beleidigenden matschepampigen Endergebnis von drei langen Stunden harter Arbeit stehen, sie die Tränen der Verzweiflung nur mit puritanischer Selbstdisziplin zurückhalten können, dann wünscht man sich in diesem Moment der akuten Suizidgefährdung entweder eine Flasche Schnaps der hochprozentigsten Ausführung oder doch besser einen liebenden Gatten, der sensibel, tolerant und verständnisvoll reagiert, sein an der schwäbischen Kartoffelveredelung gescheitertes Weib warmherzig in den Arm nimmt und die richtigen Worte des Trostes findet. Man hofft also auf das glatte Gegenteil eines schwäbischen Ehemannes.

Da sich diese zutiefst erschütternden innerfamiliären Kartoffelsalatkatastrophen eben im Regelfall auf tiefschwäbischem Territorium ereignen, handelt es sich beim Gatten wohl ebenso im Regelfall um einen waschechten Schwaben. Damit darf man einen sensiblen Umgang mit dem anderen Geschlecht und damit auch mit der angetrauten Gattin getrost ausschließen. Da darf man froh sein, dass auch bei den Schwaben in der Zwischenzeit wenigstens der Scheiterhaufen der Vergangenheit angehört. Die Köchin darf somit darauf hoffen, mit einem gemäßigten »*jetzt fress mrs halt, Sach isch ja drin!*« wegzukommen, alle anderen Kommentare sind vom nagenden Hunger und natürlich auch von der schwäbischen Sparsamkeit geprägt, man sollte sie nicht zu sehr für bare Münze nehmen oder als Gattin gar persönlich beleidigt sein. Das führt zu nichts.

Der Schwabe denkt immer ans Sparen, selbst in absoluten Extremsituationen. Als Bauer Karl beim Reparieren seines Daches von Selbigem stürzte und dabei am Küchenfenster vorbeirauschte, rief er, kurz bevor er sich sämtliche Knochen brach, seiner Frau noch die positive Botschaft des Tages zu: »*Du brauchsch heut für mi nix zom kocha, i ess heut im Mariehoschbidal!*« So etwas nennt man im Schwabenland geistesgegenwärtig.

Aber zurück zu den Kartoffelsalatkommentaren: »Für den Salat hätte man die Kartoffeln nicht aus der Erde ziehen müssen« klingt gar nicht so schlimm, aber das »*gell, Schätzle*« hintendran macht es dann doch unerträglich. Aber wenn der Mann mit einem Granatenhunger auf das Essen gewartet hat, dann kann es unter Umständen schon besonders bitter werden: »*I ben net schleggich, aber der Grombierasalat isch a absoluts Oodeng, der macht me graiznarret und babbsadd scho vom Noogucka!*« (Ich bin nicht verwöhnt, aber dieser Kartoffelsalat ist inakzeptabel und für den menschlichen Verzehr nicht geeignet. Schon der Anblick verscheucht den Appetit!) Eine Ausdrucksweise, die auf beeindruckende Art zeigt, dass Heiraten im Schwabenland nur ganz entfernt etwas mit Liebe zu tun hat – und wenn doch, dann halt mit Liebe zum Kartoffelsalat. Oder zum Traktor. Was die Heiratsanzeige eines schwäbischen Bauern beweist: »Suche Frau mit Traktor. Bitte Bild vom Traktor beifügen.«

Die Weisheit, dass Liebe durch den Magen geht, ist eine gesamtdeutsche Erkenntnis, allein man darf vermuten, dass sie irgendwo auf der Schwäbischen Alb zu Hause ist. Essen ist wichtig bei den Schwaben. Zum Kartoffelsalat passt am besten ein schönes Stück Fleisch, entweder der schon erwähnte Rostbraten oder ein Schnitzel, das meistens vom Schwein und paniert serviert wird und nach schwäbischer

Vorstellung am liebsten so groß wie ein Abortdeckel sein sollte.

Die »Wiener Art« wurde bestimmt auch im Schwabenland erfunden. Man hat sich dem Kalbsschutz verschrieben. Ersatzweise paniert man Schweine. Die jungen Kälber freuen sich. Noch eine schwäbische Besonderheit. Das Schweineschnitzel Wiener Art darf ruhig mit viel Bratensauce übergossen werden oder ruhig auch in der Sauce schwimmen. Das mögen wir. Der schiere Anblick eines solchen schwimmenden Schnitzels kann Österreicher töten oder geradezu in den Wahnsinn treiben. Kratzt uns aber nicht. Wie schon gesagt, wir mögen es so, ein richtiges Stück Fleisch muss schwimmen.

Fische sind nach allgemeinschwäbischer Ansicht von Japan und dem Aussterben bedroht und werden von den Schwaben durch äußerst zurückhaltenden Verzehr geschützt. Rindviecher gibt's genug, deswegen werden sie auch gern gegessen. Schweine ebenso. Wir nennen das dann »Gemischter Braten« und finden, das passt gut zum Sonntag. Aber »Gemischter Braten« geht eigentlich immer. Wenn der Braten einmal etwas zäher ausfällt, dann freut sich der Schwabe auf das »noch mal warm machen«, denn weggeschmissen wird nichts, Reste essen und die letzte Soße mit einem »Riebel« altem Brot auftunken, ist befriedigende Sinneslust – jedes Fleisch wird einmal weich. Wenn es denn sein muss, hat der Schwabe viel Geduld, »*jesesmäßig viel Geduld*«.

Aus Schafen macht man Pullover. Das erhöht die Lebenserwartung der Lämmer. Normalerweise. Aber nicht immer. Zu besonderen Gelegenheiten darf es schon auch mal ein zartes Lamm sein. Ein Geschäftspartner wurde vom Vater zum Mittagessen nach Hause eingeladen. Wem es nicht klar sein sollte, dem sei es gesagt. Das ist eine große Ehre. Es gab Lammrücken mit Petersilienkruste.

Der Sohn des Hausherrn stocherte relativ misstrauisch in seinem Fleischstück herum. Nach einer Weile schaute er zu seinem Vater und meinte: »*Du, sag amol, Baba, isch des jetzt Rindfloisch?*«

Der Vater ist etwas verwundert und klärt den Sohn auf: »*Noi, Lamm, worom frogsch denn, Bua?*«

Man kann nur hoffen, dass der Geschäftspartner tiefgreifend dialektunbegabt war und gar nichts von dem verstanden hat, was der Junge antwortete: »*Ha, weil du geschtern gsagd hosch, du dädsch heut amol a richtigs Rendvieh zom Mittagesse brenga!*«

Schwäbisch Meisterliches #1

Die Sindelfinger Gaisburgvertretung

Vieles kann man lernen, manches nicht! Das gilt für das Kochen, aber auch für die Sprache. Beides braucht Talent, Intuition, Begeisterung und vor allem den Willen, es wirklich gut können zu wollen. Kochen und Schwätzen. Aber der Reihe nach.

Wenn man die Speisekarte vom Gasthaus zum Hirsch in Sindelfingen aufschlägt, dann weiß man sofort, dass hier ein Schwabe der Chef in der Küche ist. Und zwar ein Modellschwabe, dessen uriges Kochschwäbisch selbst bei alteingesessenen Vollschwaben durchaus zu enormen Verständnisschwierigkeiten führen kann.

Die Speisekarte sieht auf der schwäbischen Seite so aus, wie man sich das mit leerem Magen so vorgestellt hat, mit dem signifikanten Problem, dass der hungrige Schwabe eigentlich alle schwäbischen Standardgerichte mag und die im quälenden Moment des nagenden Hungers auch am liebsten alle vor sich sehen möchte.

Linsen mit Spätzle, Saure Kutteln mit Bratkartoffeln, Rostbraten mit Filderkraut, Wurstsalat mit Schwarzwurst und Brot, Käsespätzle mit gedünsteten Zwiebeln und Salat und natürlich auch das schweinische Schnitzel Wiener Art, das man sehr gerne mit viel Soße isst. Denn man weiß ja, »*Floisch muas schwemma.*« Sollten Sie Gäste aus Österreich haben, halten Sie sich ein wenig mit dem Zugießen Ihres panierten Schweinelappens zurück, die könnten allein vom Zuschauen kollabieren. Aber der Schwabe ist beim Anblick der opulenten Speisekarte kaum noch zu einem anderen Gedanken als ›*was ess mr jetzt?*‹ fähig. Hungrige Männer sind unberechenbar, hungrige Schwaben sind unerträglich.

Der Gaisburger Marsch ist eine wunderbare Magenberuhigungsdroge. Der berühmte Eintopf kommt aber im Hirschen in einer solch berückenden Schönheit auf den Tisch, dass auch der weniger pietistisch veranlagte Suppenkasper zum Tischgebetsfetischisten wird und den gefüllten tiefen Teller erst einmal bewundert und dem Herrn hoch droben dafür dankt, dass er erstens als Schwabe in dieser Welt leben darf und zweitens, dass die Technologie des Klonens kurz vor dem Durchbruch steht und man in allernächster Zukunft damit rechnen kann, dass wir Köche, die einen Gaisburger Marsch derart brillant in die Suppenschüssel zaubern können, bald in irgendeiner Form verdoppeln können, um unsere Grundversorgung mit schwäbischen Spezialitäten für alle Zukunft sicherzustellen.

Doch dieser Moment des Danks, der Bewunderung und des Innehaltens währt nur kurz, dann läuft man Gefahr, jeden Löffel, den man zu sich nimmt, mit leichtem

Stöhnen und auch dezenten Grunzlauten der oralen Befriedigung zu begleiten.

Die Herkunft des Namens »Gaisburger Marsch« deutet auf einen Stuttgarter Stadtteil hin, wo der berühmte Eintopf bis zum heutigen Tage zu Hause ist und einmal im Jahr mit einem großen Fest gefeiert wird. So bekommt man es an jeder Stuttgarter Infobox gesagt und so steht es in Wikipedia. Zwei Spaziergänge durch Gaisburg zeigten, dass nicht alles richtig sein muss, was in Wikipedia steht, und dass man den Gaisburger Köchen mal gehörig den Marsch blasen sollte, damit sie endlich wieder ihren berühmten Marsch kochen. Jedenfalls kann Gaisburg nicht behaupten, man würde an jeder Ecke des Eintopfstadtteils diesen auch bekommen.

Dabei gilt er vielen berühmten Deutschen als Lieblingsgericht, dem regelmäßig mit drei Michelin-Sternen bedachten Spitzenkoch Harald Wohlfahrt ebenso wie Horst Köhler, der bei seinem Amtsantritt den Gaisburger Marsch als »Mahl der Demokratie« servieren ließ und damit schon am ersten Tag seines Wirkens einigen wichtigen Personen auf den Schlips getreten ist. Oder sollen wir sagen, er hat ihnen am ersten Tag schon den Marsch geblasen und während seiner ganzen Amtszeit nie damit aufgehört? Sie fragen mich jetzt aber nicht, von welchem Amt ich denn spreche und wer Herr Köhler sei. Wenn dem so sein sollte, sprechen Sie Ihren Hausarzt oder Psychiater auf die sogenannte Verwulffungsblockade an. Wer daran leidet, entköhlert schneller als der gesunde Bundesbürger.

Gaisburger Marsch ist ein ganz einfaches Gericht. Eigentlich auch sehr unkompliziert zu essen, es braucht einen tiefen Teller und einen großen Löffel und ist damit geradezu ideal für Amtseinführungen von Bundespräsidenten. Der Steuerzahler wird entlastet und die Essensgäste können sich auf den politischen Gedankenaustausch konzentrieren, statt die ganze Zeit zu überlegen, welches Besteck wohl korrekterweise beim nächsten Gang zu verwenden ist.

Das Rezept ist kein Geheimnis. Man braucht zuerst eine kräftige Rinderbrühe, damit steht und fällt die Grundqualität des Gerichts. Dann ein gutes Siedfleisch, das in Würfel geschnitten und mit gekochten Kartoffeln und Spätzle auf dem gerade schon erwähnten ebenso großen wie tiefen Teller angerichtet wird. Danach die Brühe darüber gießen und schon ist er fertig – der mit ziemlicher Sicherheit sehr fad schmeckende 08/15-Eintopf, der aussieht wie Spülwasser und wohl auch so schmeckt. An dieser Stelle beginnen die Gaisburger Mysterien. Warum schmeckt er manchmal so paradiesisch gut und manchmal nach nichts oder noch schlimmer. Was macht den Unterschied?

Der Eintopf im Hirschen in Sindelfingen sieht nicht nur edel aus, er hat mir soeben auch sensationell gut geschmeckt. Ich will den Chef fragen und hoffe inbrünstig, dass mein ungeübtes Intellektuellenöhrchen wenigstens etwas mehr als die Hälfte der breiten Schwäbischflut versteht, die mich wohl gleich erwartet. Auf der weißen Jacke des Chefs irritiert mich gleich mal der Namenszug: C. P. Giffhorn. Ich hatte schon mit Namen zu tun, die ich leichter im Schwäbischen unterbrachte. Giffhorn klingt jetzt nicht gerade nach einem Geburtsort im Heckengäu.

Claus Peter Giffhorn lacht, während ich fast vom Barhocker falle: »Ich komme aus der Nähe von Peine.« Er schiebt für das große Fragezeichen in meinen Augen ein entspanntes »so Richtung Hannover« hinterher.

»Und wo ist der Schwabe, der für Sie kocht?«

Mein Gegenüber lacht noch mehr: »Ich habe drei Köche und drei Auszubildende, aber für die schwäbischen Gerichte bin schon ich hauptverantwortlich.«

Er ist vor über dreißig Jahren in den Süden gekommen und geblieben. Seine Frau Monika ist Schwäbin und hat wie ihr Mann die Meisterschule für Köche erfolgreich absolviert. Trotzdem kümmert sie sich heute lieber um den Service und die charmante Betreuung der Gäste und überlässt ihrem Mann den Herd und die gesamte Verantwortung über die einwandfreie Qualität der Dinge, die da aus der Küche des schwäbischen Nordlichts kommen. »Gut macht er das«, sagt sie mit tiefer Überzeugung, und das wird von vielen Stammgästen bestätigt.

Einer davon ist so überzeugt von der Güte der Giffhorn'schen Schwabenküche, dass er für die große Modemesse in Düsseldorf im Hirschen in Sindelfingen 600 Maultaschen und 60 kg Kartoffelsalat bestellt, der in zwölf Fünflitereimern per Kurier in die Maultaschenwüste Nordrhein-Westfalens gekarrt wird und neben der standesgemäßen Kundenbefütterung auch dafür sorgt, dass den schwäbischen Standmitarbeitern die Tage in der Kartoffelsalatdiaspora erträglicher gemacht werden.

Aber da wären wir bei der Frage der Frische, der Haltbarkeit und den Erläuterungen, die wir vom Leonberger Kartoffelsalatpapst Klaus Bertleff erhalten haben (siehe *Seite 123*). Claus Peter Giffhorn bestätigt die Ansichten seines Kollegen. Doch er geht bei seiner Kartoffelsalatinterpretation einen anderen Weg und kocht die Zwiebeln in Fleischbrühe auf. Das ist einfach Ansichts- und Geschmackssache, aber das Aufkochen der Zwiebeln macht den Kartoffelsalat wohl nicht nur etwas milder, sondern auch haltbarer. Die Vegetarierproblematik mit Fleischbrühe an der Zwiebel lassen wir großzügig unter den Tisch fallen und fragen bei Giffhorn noch einmal die Zutaten ab: »Abgeschmeckt wird mit Salz, Pfeffer, Zucker, Essig, Öl und Senf.«

Wir entdecken streng genommen zwei marginale Unterschiede. Der eine kocht die Zwiebeln, der andere salzt sie, der Kocher arbeitet mit etwas Senf, der Salzer ohne. Der Unterschied ist gewaltig, aber das sollte jeder selbst ausprobieren. Bitte erwarten Sie keine objektive Vorentscheidung von mir. Objektivität gibt es nicht, beim Essen und Trinken schon gar nicht und beim Kartoffelsalat schon überhaupt gar nie nicht. Auch ich bin eindeutig voreingenommen, ich bin nun mal Leonberger. Und es darf ja nur einen Papst geben, das ist beim Kartoffelsalat nicht anders als in der katholischen Kirche.

Machen wir es so: Der heilige Gral für warme Kartoffelscheiben und damit erstes Pilgerziel aller tiefgläubigen Kartoffelsalatjünger ist das Wirtshaus am Ezach. Dort gibt es den besten Kartoffelsalat der Welt. Sag ich jetzt einfach noch einmal so. Aber Gaisburg wird ab sofort nach Sindelfingen verlegt und der Gaisburger Marsch vom Sindelfinger Hirschen bekommt einen Ehrenplatz in der Ruhmeshalle schwäbischer Küche. Da soll noch mal einer sagen, wir Schwaben wären nicht integrationsfähig. Der Seggel muss bloß kochen können, dann haben wir ihn schon lieb, gell!

Das Ehepaar Giffhorn führt den Hirsch in Sindelfingen mit großem Engagement und viel Einsatz in der Küche. Das mag der Grund dafür sein, dass in ihrer Privatwohnung etwas fehlt, was eigentlich in keiner Wohnung fehlen darf. Sie leben in einer Wohnung ohne Küche. Irgendwie kann man das ja verstehen. Eine kritische Anmerkung kann ich aber zum Abschluss meines Hirschbesuchs nicht »*verheba*«: »Herr Giffhorn, Ihre schwäbische Küche hat viele Freunde, und das kann man verstehen. Ihr Schwäbisch ist aber – wie soll ich sagen – eigentlich nicht vorhanden. Haben Sie es jemals versucht?«

Seine Antwort kommt mit einem souveränen Lächeln: »Vieles kann man lernen, manches nicht.«

Muss auch nicht sein. Wer so gut kocht, kann »*sai Gosch*« ruhig halten. Den »*nämme mr au ohgschwätzt!*« (Wer sehr gut schwäbisch kochen kann, muss nicht auch noch gut schwäbisch schwätzen können. Der darf ruhig schweigen und sich auf das konzentrieren, was wichtig ist und was er ja gut kann.)

Gasthaus Zum Hirsch
Ziegelstraße 32
71063 Sindelfingen
Tel.: 0 70 31 / 80 90 06

Schwäbisch Einzigartiges

oder der Autowäscher

Die Schwaben sind da ganz sicher und werden sich auch von niemandem kirre machen lassen. Das Automobil ist eine rein schwäbische Erfindung! Basta! Schwäbisch ausgedrückt »Herrgottsack« oder themengerechter »*heiligs Blechle aber au*«.

Die nachfolgende Feststellung ergibt sich dadurch zwar nicht zwangsläufig, aber für die meisten Schwaben ist diese nächste »Wahrheit« mindestens genauso selbstverständlich und hängt eben eng mit der Krönung schwäbischer Tüftelei zusammen: Mercedes baut die besten Autos der Welt! So mancher automobilmilitante Schwabe formuliert es noch etwas präziser und spricht anderen Fabrikaten schlicht die Bezeichnung »Auto« ab.

Mit dieser klaren Stellungnahme einher geht ein großer Herzenswunsch, der auch viele besorgte Mitarbeiter des weltbekannten Stuttgarter Automobilherstellers bewegt und ob der jüngeren Vergangenheit des Unternehmens sicherlich nicht unbegründet ist. Der Chrysler soll um Gottes willen für immer in dem Land bleiben, wo sie vielleicht die besten Plastikbecherhalter des ganzen Universums gestalten, aber einfach keine modernen Autos hinbekommen. Was im Regelfall in den USA vom Designerbrett auf den Asphalt rollt, ist für Mercedesfans entweder eine umfunktionierte Kettensäge auf vier Rädern oder eine vorsintflutliche Festlandsarche Noah, mit der man auf der Autobahn vielleicht üben kann, wie man ein Schiff steuert, die aber keinerlei Ähnlichkeit mit dem hat, was man in Untertürkheim Auto nennt.

Es ist lange her. Bonanza verschwand vom Bildschirm, und alle mussten von da an die Wartezeit bis zur Sportschau im Ersten mit einer an Langeweile nicht zu überbietenden Familiengeschichte aus den Blue Ridge Mountains überbrücken. Die Buddenbrooks waren und sind ein Actionthriller gegen diese drögen Landgeschichten aus Virginia. Aber die meisten amerikanischen Fahrzeuge von heute erinnern uns immer noch ein wenig an diese letztendlich doch sehr gemütlichen familiären Sonntagabende vor dem Fernseher, als John Boy seine ersten Ausfahrten mit einem motorbetriebenen Fahrzeug von der Farm der Waltons unternehmen durfte.

Bis heute werden die amerikanischen Autos immer noch zumeist so gestaltet, dass man wahrscheinlich jederzeit eine Wagenburg gegen Indianerangriffe mit ihnen bilden kann und sicher auch eine Komfortablage für die dringend benötigte Winchester vorfindet, sie aber nicht unbedingt automobile Innovationsbereitschaft signalisieren. Den USA mag der technologische Spagat zwischen Spaceshuttle und durchaus eindrucksvollen Grillstationen gelingen, aber bei den Fahrzeugen aus Detroit sucht man eigentlich immer noch die Kurbel und ist schon sehr angenehm überrascht, wenn der durchschnittliche Spritverbrauch optimistisch mit unter 25 Litern angegeben ist.

Die wirklichen Herausforderer der schwäbischen Automobilhersteller dieser Tage kommen also bestimmt nicht aus dem Land, in dem Donut-Kringelhalter wichtiger sind als die Straßenlage. Die maßgeblichen Konkurrenten sitzen im eigenen Land, in München, in Ingolstadt und zunehmend auch in Wolfsburg. Die Niedersachsen attackieren auf allen Ebenen und schaffen es sogar, im nahen Zuffenhausen das Kommando zu übernehmen. Was bei Porsche geschah, ist nur schwer zu verstehen. Für die einst so eloquenten ehemaligen Managerhelden des Sportwagenherstellers gibt es leider ein sehr treffendes deutsches Sprichwort: Hochmut kommt vor dem Fall. Und der Fall ging für die gierigen Überflieger ins Bodenlose. Ikarus lässt grüßen.

Heute gehört Porsche zum Volkswagenkonzern, und der einmal erfolgreichste Manager der Welt kann endlich das tun, was er nach eigenem Bekunden wohl am besten kann: Treckerfahren. Wenn er allerdings seinen Traktor so fährt, wie er den Sportwagenkonzern geführt hat, dann muss man sich berechtigt Sorgen um ihn machen. Die Übernahme war sicherlich nicht die feine Art, und der gegenseitige Umgang zwischen VW und Porsche ist kein Musterbeispiel für ein respektvolles Miteinander. Diese Form der – ja, nennen wir es ruhig so – Enteignung bringt die Schwaben im Unternehmen fast um. Aber neben der beruhigenden Gewissheit, dass die meisten Sportautos der Nobelmarke auch weiterhin in Weissach erdacht und in Zuffenhausen produziert werden, beruhigt die Schwaben vor allem auch die Tatsache, dass es selbst in Niedersachsen erst dann erfolgreich funktionierte, als dort ein Schwabe das Ruder übernommen hat. Martin Winterkorn ist in Leonberg bei Stuttgart geboren und hat in Stuttgart studiert, bevor er seine beispiellose Automobilkarriere bei Audi begann, die ihn dann bei VW zum Spitzenverdiener aller DAX-Vorstände machte.

Was sagt uns das? Die Erfolge schwäbischer Techniker gehen weiter, auch in einer mayonnaisebelasteten Diaspora. Die Schwaben räumen überall auf, auch in der Fremde. Allein hätten die Niedersachsen das bestimmt nicht so hinbekommen. Genau deswegen lässt sich der erfolgreich schaffende Schwabe das auch anständig – er selbst würde sagen: angemessen – bezahlen. Das ist die zweite Erkenntnis. Die Schwaben wissen, was sie wert sind. Auch das gehört zum Schwabenerfolg. Einzigartig!

Aber schauen wir noch einmal auf die Ursprünge des Automobils und die damit einhergehende schwäbische Überzeugung von eben dieser so ureigenen automobilen Einzigartigkeit. Gottlieb Daimler und seine namenlosen schwäbischen Mittüftler haben hier mitten im Schwabenland einige phänomenale, bahnbrechende und die Welt verändernde Ideen entwickelt, in die Praxis umgesetzt und damit die menschliche Fortbewegung geradezu revolutioniert. So weit, so richtig und auch gut. Nur, wenn wir ganz ehrlich sind, passierte das eine oder andere auch in der Nachbarschaft, manches sogar weiter weg.

Herr Maybach arbeitete und entwickelte in Berlin, also nicht gerade um die Ecke, und dann gab es da ja noch den Badener Carl Benz, der in nicht ganz unerheblichem Maße zur Verwirklichung des Automobils beigetragen hat und auch noch den Mut besaß, seine Frau Bertha auf die erste automobile Überlandfahrt von ihrer Heimatstadt Mannheim aus bis ins badische Schmuckstädtchen Pforzheim im Nordschwarzwald zu schicken. Eine rein badische Strecke und damit ein weiteres klares Indiz für eine maßgebliche badische Beteiligung an der Erfindung des Autos.

Trotzdem gehen die entscheidenden Impulse in der Entstehungsgeschichte des Automobils immer vom Schwabenland aus. Daran glauben wir Schwaben. An die großen

Dinge muss man einfach glauben. Das ist beim lieben Gott nicht anders. Die Schwaben glauben auch fest daran, dass die Badener ohne schwäbische Führung nicht zu solchen Großartigkeiten in der Lage gewesen wären. Beim Wein kann man darüber streiten, ob die badische Region nicht vielleicht doch einen gewissen sonnenbedingten historischen Qualitätsvorsprung hat, das Auto aber ist und bleibt schwäbisch.

Mannheim und Pforzheim werden entweder unterschlagen oder eingemeindet, womit die Schwaben auch gleich den Beweis antreten, dass unbürokratisches Vorgehen durchaus möglich ist, wenn das Ziel dies rechtfertigt. Ausgesprochene Toleranz, gelebte Multikulturalität und beispielgebende Großzügigkeit bestimmen die schwäbische Selbstgeografisierung, wenn es darum geht, Erfindungsreichtum und Genialität für sich in Anspruch zu nehmen und quasi einzugemeinden. Wie oft im Schwabenland so unbürokratisch gehandelt wird? Eher selten, nur wenn es sich lohnt. Fast könnte man auch hier sagen: einzigartig!

Kaiser Wilhelm soll es gewesen sein, der seine generelle Einschätzung dieser schwäbischen Erfindung der untertänigsten Öffentlichkeit nicht vorenthalten wollte und mit dem gottgegebenen Weitblick eines gekrönten Königs seine – ehrlich gesagt mir persönlich durchaus nachvollziehbare – majestätische Schlussfolgerung mit einem klaren Blick in die Zukunft verband: »Das Automobil wird eine vorübergehende Zeiterscheinung sein!«

Wir dürfen sehr stolz sein auf Monarchie und einen Kaiser, der die Entwicklungen in seinem Reich über Generationen hinweg exakt vorhersagte und damit seinen Untertanen weit über den eigenen Tod hinaus half, die wesentlichen Parameter der technischen Entwicklungen richtig einzuordnen. Wie recht er doch hatte, das Auto wird bestimmt einmal von der Erde verschwinden. Da dürfen wir sicher sein.

Die einzige Frage ist: wann? Im Moment sind wir eher noch damit beschäftigt auszuprobieren, wie viele Autos denn noch auf diese Erdkugel draufpassen, ohne dass wir die ganze Welt asphaltieren müssen und sie dann »Parkplatz« nennen können. Die technischen Entwicklungen gehen immer weiter, den Shell-Atlas braucht man schon lange nicht mehr, das macht ja bekanntlich eine nette Dame irgendwo unter der Motorhaube, und bald schon soll auch das Bremsen und Lenken von unsichtbaren Gehilfen übernommen werden. Uns konservative Männer plagt da die noch unbeantwortete Frage, ob für diese doch etwas komplexeren Aufgaben eventuell auch Frauen vorgesehen sein könnten. Wir hoffen da aber auf die Weisheit der führenden Automobilzulieferer.

Der weltgrößte und wohl auch innovativste sitzt mit seiner Zentrale auf der Schillerhöhe. Wo das ist? Zehn Kilometer außerhalb von Stuttgart und fünfzehn Kilometer vom Haupteingang von Mercedes entfernt. Natürlich mitten im Schwabenland. Wo denn sonst! Der Erfindungsgeist der Schwaben ist nach Herrn Daimler nicht eingeschlafen, die schwäbischen Erfinder sind bewegter als der Rest von Deutschland. Die meisten Patentanmeldungen kommen auch heute in schöner Regelmäßigkeit aus dem Schwabenland. Es wäre wirklich angebracht, das Patentamt von München nach Stuttgart zu verlegen. Das wäre ja auch viel praktischer: Die schwäbischen Tüftler hätten es dann nicht ganz so weit. Und als Erfindersprache müsste natürlich Schwäbisch zugelassen werden. Wer weiß schon genau, wie viele großartige Erfindungen daran gescheitert sind, dass der geniale schwäbische Erfinder sie einfach nicht auf Hochdeutsch erklären konnte.

Das Auto wurde also im Schwabenland erfunden, in Baden nach Lage der Dinge das Fahrrad. So lassen wir das jetzt mal stehen, das passt dann von den Dimensionen her. Jedenfalls für die Schwaben.

Und so steht der Daimler jetzt auch in Stuttgart, genauer gesagt in Untertürkheim, und nicht in Karlsruhe. Aber was ist der Daimler eigentlich? Der Daimler ist schwäbisch. Das ist schon mal klar. So, wie es gefühlte Temperaturen gibt, die man mit dem Thermometer nicht messen kann, so gibt es auch gefühlten schwabenstolzen Volksbesitz. Wir sagen es gern noch einmal. Der Daimler ist schwäbisch, der Stern dreht sich in Stuttgart, und hier hat sich auch alles Grundlegende rund um das Automobil entwickelt. Wir Schwaben wissen das aus dem Gefühl heraus – und die Badener wissen es eigentlich auch, würden es aber ums Verrecken nicht zugeben.

Damit die Dinge jetzt nicht durcheinandergeraten, müssen wir das mit dem Namen klarstellen. Mit »dem Daimler« meinen wir den Weltkonzern, dessen Zentrale nach Möhringer Irrungen wieder in Untertürkheim sitzt, dessen Stern sich auf dem Stuttgarter Bahnhofsturm dreht und der unter anderem in Sindelfingen das beste Automobil der Welt produziert. Wir wissen, wo der Daimler in und um Stuttgart herum überall baut, montiert, forscht und tüftelt, wir wissen auch, dass die meisten fertig gebauten Fahrzeuge Mercedes heißen, aber wie »der Daimler« gerade vollständig und wirtschaftsjuristisch korrekt benannt wird, weiß wahrscheinlich nicht einmal der aktuelle Vorstandsvorsitzende.

Die Unternehmensstruktur, die wirtschaftliche Ausrichtung und die grundlegende Konzernphilosophie wurden zusammen mit den handelnden Personen fast so häufig ausgewechselt wie die Trainer des VfB Stuttgart. Der gemeine Fußballer geht nach seiner Auswechslung zum

Duschen, die daimlerschen Protagonisten gleich in die Schreibstuben der schon sehnsüchtig wartenden Journalisten. Es wird immer lustig, wenn die ausgewechselten Generäle ihre Meinung über die unmöglichen Nachfolger öffentlich zum Besten geben, und zwar laut und deutlich. Da bekommt man ein gutes Beispiel geboten für schwäbische Streitkultur. Es muss nicht immer ein Bahnhof sein, wenn Worte entgleisen.

Still sind die Schwabenvorstände wohl nur, wenn sie tot sind. So mancher aktuelle Vorstand wird bei der morgendlichen Zeitungslektüre mit Klugscheißerkommentaren eines Vorgängers im Stillen die schwäbische Auslegung der irdischen Ordnung einfordern: »*Jetzt wird erschdmol gstorba, no säh mr weiter!*«

Zum gütigen Ehrenvorsitzenden hat es noch keiner geschafft. Ehrenpräsident der schwäbischen Autoerfinderautofirma zu sein und immer mit einem schicken Maybach durch die Gegend chauffiert zu werden, dafür könnte man doch nun wirklich auch einmal einen größeren Bogen um die Medien und all die hingehaltenen Mikrofone machen. Ganz allmählich klappt es auch, der Freiburger macht das schon viel besser als der Berliner. Es geht doch nur um Autos. Und um das Leben danach. Ehrlich gesagt, tut dem Freiburger seine Zurückhaltung richtig gut, wenn man die Bilder auf seiner persönlichen Homepage sieht.

Dabei ist das Auto nur eine von vielen schwäbischen Erfindungen, aber es ist der Schwabenstreich, der in seiner umfassenden Neuartigkeit und Genialität die Welt bis heute am meisten beeindruckt und bewegt – im wahrsten Sinne des Wortes. Das Automobil hat seine Heimat bis zum heutigen Tage im Schwabenland, man ist stolz darauf und dem lieben Herrgott äußerst dankbar, dass die unwürdige Verchryslerung unseres Fixsterns wohl ein für alle Mal der Vergangenheit angehört. Hätten all die Weltstrategen im damaligen Vorstand und mit ihnen die wallstreetgeilen, umsatzrenditeverblendeten Banker auf die ganz normalen Werker in der Produktion gehört, dann wäre es wohl nie so weit gekommen. Und ganz nebenbei hätte Daimler Milliarden sparen können. Leider gibt es jedoch gewisse unübersehbare Ähnlichkeiten zwischen herrschenden Vorständen bei Daimler und dem alten Kaiser Wilhelm. So mancher ehemalige Vorstandsvorsitzende erzählt und träumt heute noch davon, dass seine Strategie so langfristig ausgelegt war wie die perspektivische Einschätzung des Automobils durch seine königliche Hoheit. Kaiser Wilhelm sah uns für ewig hoch zu Ross ins Büro reiten, die Könige von Untertürkheim träumten vom internationalen Hightechgemischtwarenladen, in dem vom Pförtner bis zum Direktor nur noch Englisch gesprochen wird, und vergaßen dabei ganz, dass so etwas im Schwäbischen ganz und gar unmöglich ist. Hier wurden in kürzester Zeit Geldsummen vernichtet, deren Größenordnung man glücklicherweise als regulärer Kunde der Kreissparkasse Böblingen eh nicht begreift.

Für schwindelerregende Bezahlung hat so mancher CEO gleichermaßen schwindelerregende Entscheidungen für schwindelerregende Projekte durchgeboxt. Die ehemals neue und dann wieder geräumte Konzernzentrale in Möhringen ist in Stein gehauener Größenwahn. Der Vorstand ist ausgezogen und residiert wieder dort, wo auch Ideen entwickelt und vor allem Autos gebaut werden. Es sollte nicht wundern, wenn dieses gigantische Gebäudeareal mit seiner machtstrotzenden Herrlichkeitsarchitektur nach einer Periode der Vergessenheit in einigen Hundert Jahren wiederentdeckt und die Forscher vor die gleichen Rätsel stellen wird wie heute Angkor Wat in Kambodscha oder Fatehpur Sikri in Indien. Warum wurde es gebaut? Und da es offensichtlich perfektionistisch durchgezogen wurde, warum wurde es dann doch so schnell wieder verlassen? Epidemien? Krieg? Hunger? Oder doch nur die schlichte Erkenntnis, dass man so etwas einfach nicht braucht.

Die ehemaligen Herrscher über die wohl berühmteste Automobilfirma der Welt glauben aber immer noch, dass die Mitarbeiter, die Nachfolger und wahrscheinlich die ganze Menschheit einfach nur zu dumm sind, ihre Visionen zu verstehen.

Fast wäre es den Primadonnen in den Vorstandssesseln gelungen, die brillante Ideenarbeit ihrer Ingenieure durch zwar weltwirtschaftlich begründete, aber maßlose, um nicht zu sagen großkotzige, hirnrissige und somit ganz und gar unschwäbische Übernahmestrategien kaputt zu machen. Manche strategischen Bündnisse erinnerten den Beobachter an eine schwäbische Weisheit: »*Es wärs erschte Mol, dass mrs mit Gwald net hee grigt.*« (Es wäre das erste Mal, dass man etwas mit roher Gewalt nicht kaputt bekommt.)

Aber sie haben es nicht geschafft, Daimler lebt und blüht, die paar Scheiche in der Eigentümerversammlung fallen gar nicht auf, und überhaupt, irgendjemand muss ja die Maybachs abnehmen. Sag jetzt bloß keiner, wir Schwaben müssen jetzt wissen, wie die Mehrzahl von Scheich geht. Wichtiger wäre es, wenn der Präsident des VfB oder sein Hund vom Aufsichtsrat einen Blick dafür hätten, wer denn der Oberscheich ist, und den dann dahin bringen, dass er so viel Kohle – oder sagen wir wegen möglicher Missverständnisse besser Petrodollars – zur Verfügung stellt, dass der Klinsmann seine Buddhas in Cannstatt aufstellen kann und all das hinbekommt, was in München so brutal schiefgelaufen ist.

Sprachlich würde neben Klinsi auch der Bundestrainer gut nach Stuttgart passen, und mit dem Geld vom Scheich würde man wieder Mario Gomez und Sami Khedira zurückholen. Dann endlich würden die Schwaben das große Halali auf den FC Bayern eröffnen und beweisen, dass sie wirklich alles können, außer Hochdeutsch. Auch regelmäßig Deutscher Meister werden und dem FC Bayern München ein für alle Mal zeigen, dass es die Schwaben auch im Fußball besser können.

Es ist nicht wirklich wichtig, aber schön wäre es schon – und das samstägliche Autoputzen würde noch leichter von der Hand gehen, wenn das Polieren der Motorhaube von einer sich überschlagenden Reporterstimme begleitet würde, die jeden Angriff des VfB Stuttgart vollkommen begeistert in den penibel ausgesaugten und feucht durchgewischten Innenraum des automobilen Putzobjekts hinein schildert. Wenn dann beim Ausklopfen der Fußmatten am Mäuerle des Nachbarn das 3 : 0 und mit dem Schlusspfiff, beim Abreiben der Reifen, auch noch das 4 : 0 gegen den sonst so übermächtigen FC Bayern fällt, dann ist das schwäbische Fußballimradiohörerglück vollkommen, und man freut sich schon wie deppert auf das Rasenmähen am nächsten Samstag, wenn man den nächsten Gegner vom Platz fegt. Natürlich erst, nachdem man das Auto gewaschen hat – und zwar von Hand.

Im Schwabenland hat die regelmäßige Autopflege am Samstagnachmittag kultischen Charakter. Auch wenn der VfB dabei verliert. Auf was sich die Putzer immer einstellen sollten. Der VfB mag realistischerweise wieder einmal absteigen, aber eins ist sicher: Das letzte Gegentor in der Bundesliga kassieren die Schwaben immer in einem sauberen »*Autole*«. »*Heiligs Blechle aber au!*«

»*Oh heiligs Blechle*« ist wie »*Gang mr fort*« noch so ein Ausruf der Überraschung oder der Verwunderung. Man kann die Anzahl der getöteten und zerstückelten Frauenleichen eines geistesgestörten Serienkillers genauso mit »*aber heiligs Blechle*« kommentieren wie auch das außergewöhnlich gute Aussehen der brünetten Dame am Nebentisch. Schon der besonders kurze Rock allein schreit nach einem kräftigen »*heiligs Blechle*«! Aber trotzdem ist es natürlich das geliebte Auto, am besten der Daimler, der als heiliges Blech gilt.

Vor ganz langer Zeit war es im Mittelalter ein von der Kirche gesegnetes Stück Blech, das durch die Segnung heilig wurde und den Almosenverteilern die kirchlich überprüfte Armut des Blechträgers signalisierte. Heute zeigt das allzeit blitzblanke heilige Blech in der Garage den Wohlstandsgrad des Besitzers an. Da passt ein Daimler ganz gut, das Auto aus Sindelfingen ist ein angemessen unauffälliges Zeichen finanzieller Saturiertheit, ohne gar protzig zu wirken. Mit ein Grund dafür, dass sich der Porsche aus Zuffenhausen bei den Schwaben so schwertut. Porsche ist irgendwie protzig und passt nur wenig zum schwäbischen Selbstverständnis.

Porschefahrer lenken ihre Potenzschleuder immer durch die vollautomatische Waschanlage, der echte Schwabe unterzieht das heilige Blech seines Daimlers im Regelfall einer sanften Handwäsche. Waschanlagen sind teuer und machen Kratzer in den Lack. Man weiß auch nie, was man eigentlich genau machen soll und wie man wieder rauskommt. Davon kann der waschanlagenunkundige Schwabe ein Lied singen, als er bebürstet, shampooniert und tropfnass am Ende der Waschstraße dem Aufsichtspersonal in die Arme läuft: »Ja, wie sehen Sie denn aus. Wieso sind Sie denn um Himmels willen ausgestiegen?«

Die Antwort ist klar und unmissverständlich: »*Weil glei links nach dr Oifahrt uffm Schild gstanda isch: Gang raus.*«

Schwäbisch Unproblematisches #2

Saumäßig schön: schwäbische Automuseen

Ich sollte es allmählich zugeben! Das wird wohl das Beste sein, Lügen haben kurze Beine, und der auch nur ein bisschen Automobilkundige würde es ja doch aus den nachfolgenden Zeilen herauslesen. Man kann es einfach nicht verstecken. Diese tiefe Ahnungslosigkeit. Wo im menschlichen Gehirn der Raum für technisches Verständnis und Automobiltechnologie vorgesehen ist, herrscht bei mir ein vollkommenes Vakuum. Wie Autos funktionieren, ist mir ein Rätsel. Schon vor über hundert Jahren wunderten sich die Menschen darüber, dass sich eine Kutsche ohne Pferde wie von Geisterhand gezogen nach vorne bewegte. Ehrlich gesagt, ich wundere mich heute noch.

Mit der Funktionsweise eines Navigationsgeräts beschäftige ich mich erst gar nicht. Für mich ist das Voodoo. Ich hoffe einfach nur, dass ich die nette Frau mit der klaren Stimme, die mein Autohersteller dankenswerterweise irgendwo in meinem Fahrzeug verstaut hat, irgendwann einmal persönlich kennenlernen werde. Ich glaube schon, dass man locker eine schlanke Frau in einem Auto einer gewissen Größe verstecken kann – was mir aber partout nicht in den Kopf will, ist die phänomenale Tatsache, dass diese Frau trotz ihres dunklen Verstecks immer, wirklich immer den Weg weiß. Im Winter habe ich permanent Angst, dass ihr bei der nächtlichen Saukälte das Hirn einfrieren könnte, aber sie lotst mich auch in der kritischen Jahreszeit sicher vom ersten Meter an. Ich kapiere es einfach nicht.

Eine weitere persönliche Anmerkung sei mir in diesem navigatorischen Zusammenhang gestattet. Ganz besonders mag ich dampfplaudernde Klugscheißer, die mit ihrem wichtigtuerischen Zeigefinger gen Himmel deuten und mit selbstbewusster und tief überzeugter Dozentenstimme analysieren: »Das geht mit GPS über Satellit. Ist doch eine relativ verständliche Sache.«

Sind sich solche Alleswisser immer so sicher? Was hat der unendliche Himmel verdammt noch mal mit der Suche nach einer lächerlichen Vorortstraße zu tun. Nein, ich verstehe es einfach nicht und vermute, dass es bei den »In-den-Himmel-Zeigern« auch nicht anders ist. Es ist wie so oft. Man trifft auf einen Pulk von Menschen, die alle in den Himmel starren. Man tut es ihnen nach, kann aber nichts Besonderes entdecken. So fragt man einen der Himmelsgucker, was es denn da zu sehen gäbe. Die Antwort sollte zu denken geben: »Weiß nicht, der Letzte, der es anscheinend gewusst hat, soll vor zehn Minuten gegangen sein.« Aber so genau weiß man auch das nicht.

Aber kommen wir nun deutlicher auf den Punkt: zum Daimler und seinen für die meisten Schwaben immer noch besten Autos der Welt. Das Folgende ist weder

Tipp noch Empfehlung, es ist der strenge Hinweis auf eine unumgängliche Pflicht. Es ist eigentlich eine Besichtigungsanweisung – und das trotz der Tatsache, dass sich zu meinem technischen Unverständnis das kristallklare und vollkommene Desinteresse an automobilistischen Themen gesellt. Autos interessieren mich nicht wirklich. Sie sollen mich einfach bequem und komfortabel von A nach B bringen und bloß keine Probleme bereiten. Es liegt mir im Regelfall nichts ferner, als in meiner Freizeit in irgendeiner Form Autos anzuschauen. Aber der Großraum Stuttgart hat zwei Automobilmuseen, die nicht, wie man immer so schön sagt, ihresgleichen suchen, weil es so etwas in der Welt definitiv kein zweites Mal gibt. Der Tripadvisor hat bestimmt nicht immer Recht, dieses Mal aber schon.

Das Mercedes-Benz-Museum ist mit Abstand die herausragendste Sehenswürdigkeit von Stuttgart und würde ausnahmslos jeder Weltmetropole gut zu Gesicht stehen. Aber so, wie die Geburtskirche Jesu eben in Bethlehem steht und Mekka in Saudi-Arabien liegt, so steht die Schöpfungskathedrale des Automobils genau dort, wo sie auch hingehört, nämlich in der Schwabenmetropole. Und das ist nicht nur gut so, sondern, um das Unwort des Jahres 2010 zu gebrauchen, alternativlos richtig.

Und was für einen Prachtbau haben sich die Gralshüter des Automobils da geleistet! Wie ein gerade gelandetes Ufo wirkt der Bau, der die Besucher schon von außen in Form einer Doppelhelix fasziniert und der den Schauenden im Innern zwar einen optimalen Besichtigungsweg vorschlägt, den Spezialisten mit individuellen Interessen aber durchaus auch durch viele Querverbindungen spontane Richtungsänderungen beim musealen Rundgang ermöglicht. Die Bedeutungszusammenhänge erschließen sich wie von selbst, nichts wirkt aufgezwungen. Seit der Eröffnung des Museums anlässlich der Fußballweltmeisterschaft im Jahr 2006 strömen die Besucher ins sternförmige Atrium, um gleich mit dem Aufzug nach oben zum Start der faszinierenden Ausstellung zu fahren. Und womit beginnt die ganze Geschichte? Richtig, mit einem Pferd und der Stimme von Kaiser Wilhelm: »Das Automobil ist eine vorübergehende Erscheinung. Das Pferd aber bleibt immer.«

Allein im Jahr 2010 haben rund 650.000 Menschen das spektakuläre Museum besucht, seit der Eröffnung sind es dreieinhalb Millionen Besucher gewesen, die der Faszination von Mercedes und großer Museumsarchitektur gerne erlegen sind. Eines sei besonders für Stuttgartbesucher meinesgleichen noch einmal angemerkt. Dieses Museum ist selbst für völlige Autoignoranten wie mich ein bemerkens- und besuchenswertes Stück Stuttgart. Spektakuläre Architektur verbindet sich mit modernster Museumstechnik zu einem komplexen Geschichtserlebnis der sehr lebendigen und eindringlichen Art.

Es ist zugegebenermaßen auch so etwas wie ein kultischer Huldigungsplatz für das Automobil, erbaut an jener Stelle, wo nach tiefer schwäbischer Überzeugung das Automobil das Licht der Welt erblickte. In gewissem Sinne hat es tiefreligiöse Züge. Die Autowaschanlagen sind so etwas wie die kommunalen Gemeindekirchen, und hier in Cannstatt steht eben die riesige zentrale Kathedrale. Und wie es sich für Religionen gehört, splitten sich Sekten ab und es entwickeln sich verschiedene

Glaubensrichtungen. So glauben viele Automobilisten an den Sportwagen, ihre Hauptgottheit heißt Porsche und ihre Anhänger dulden schon lange keinen anderen Nebengott. Sie pilgern nach Zuffenhausen. Wieder ist es ein Museum, das einer modernen Kathedrale in nichts nachsteht.

Dieses andere, ebenfalls unbedingt sehenswerte Automobilmuseum liegt etwas außerhalb, am Rande von Stuttgart, direkt an der S-Bahnstation Neuwirtshaus. Man kommt also auch ohne Porsche dorthin. Oder – wir müssen dies nach den ganzen Übernahmequerelen heutzutage der guten Vollständigkeit halber hinzufügen – auch ohne ein anderes, bei weitem weniger spektakuläres Auto aus weiter nördlich gelegenen Produktionsstätten. Also einem quasi volksnäheren Automobil, dessen schlichte Bauweise und anspruchslose Einfachheit den Herstellern so viel Geld eingebracht hat, dass sie sich zuerst einmal südamerikanische Liebesdienerinnen per First-Class-Flug aus Rio de Janeiro einfliegen lassen konnten und danach noch genügend Kohle in der Portokasse hatten, um einen weltweit renommierten Sportwagenhersteller aufzukaufen.

Lassen wir aber die jüngste Geschichte ruhen und würdigen wir dieses zweite herausragende Automobilmuseum, das wie ein schwebender Flieger daherkommt und doch direkt neben der S-Bahn gelandet ist. Spektakulär ist auch hier das erste Wort, das einem in den Sinn kommt, wenn man das erste Mal vor dem monolithisch geformten, fast schwebenden Ausstellungsbau steht. Das ganze Gebäude scheint über dem Boden zu schweben.

Der Museumschef Achim Stejskal meinte im Januar 2009 vor der Eröffnung selbst ganz euphorisiert: »In

Fachkreisen galt das Gebäude zunächst einmal als unbaubar. Doch jetzt ist es fertig und einfach sensationell!«

Dem ist nichts hinzuzufügen. Gehen Sie hin und schauen Sie selbst.

Schwäbisch Zurückhaltendes

und noch ein Sterbender

Also gut, es hilft ja alles nichts, und einfach wegrennen geht nun mal auch nur schlecht. Schließlich sind die Schwaben stolze Leute, denen man viel nachsagen kann, aber Feiglinge sind sie auf keinen Fall. Genauso wenig wie man Faulheit mit dem Schwabenland in Verbindung bringt.

Krempeln wir also die Ärmel hoch und gehen es an, mit Mut, Tatkraft und Entschlossenheit, wenn auch nicht unbedingt mit tiefster Überzeugung und von einigen äußerst unschwäbischen Selbstzweifeln begleitet.

Doch, ein bisschen denkt man ehrlich gesagt schon ans Wegrennen. So ähnlich wie beim Zahnarzt, wenn man die Klinke bereits in der Hand hält und noch einmal überlegt, ob man die blöde Tür mit diesem besonderen Geruch dahinter nicht einfach zulässt und stattdessen einen Kaffee auf dem Marktplatz trinken geht. Aber drücken wir den Türgriff mutig nach unten, überhören wir tapfer die Bohrgeräusche und gehen wir es an, das Unvermeidliche, das Unverhinderbare, das Unumgehbare. Kämpfen wir wie einst Don Quichotte gegen Windmühlen. Wir ahnen, nein, wir wissen, dass wir diese Schlacht verlieren werden, trotzdem ziehen wir stolz mit erhobenem Haupt auf das Schlachtfeld der Argumente, zücken unsere Schwerter und gehen mit Todesverachtung auf Tausende Kanonen zu, die mit massiven Vorurteilskugeln gefüllt und zum Abfeuern freigegeben sind. Bringen wir es endlich hinter uns! Was uns hier von Napoleon unterscheidet, ist die Tatsache, dass wir schon vorher wissen, dass Waterloo nur bei Abba eine so schöne Melodie hatte.

Sprechen wir ganz offen über das anscheinend wirklich herausragende Erkennungsmerkmal des wahren Schwaben schlechthin. Gehen wir zuerst einmal in die Berge, nähern wir uns wagemutig der wohl berühmtesten Gletscherspalte der deutschsprachigen Welt, in die eine typisch schwäbische Vorzeigefamilie gefallen ist und dort auf ihre Rettung hofft. Die Rettung taucht in Form eines Bergungstrupps am Rande der Gletscherspalte auf, der Bergführer ruft hinunter in die Tiefe: »Hallo, hallo, hier spricht das Rote Kreuz.«

Prompt kommt die schwäbischste aller Antworten von unten: *»Noi danke, mir gäbbet nix.«*

Oder erkunden wir mit einem hungrigen, abgemagerten Bettler aus Norddeutschland eine Vorortgasse im Schwäbischen, mit kleinen Einfamilienhäusern und gepflegten Gärten davor, und wagen wir es, an irgendeiner Haustür zu klingeln. Lassen wir den armen Bettler sein Leid klagen: »Liebe Frau, ich habe seit Tagen nichts gegessen!«

Die Antwort ist genauso spontan wie die aus den Tiefen des Berges, sie ist quasi gletscherspaltig geizbeschreibend: *»Ha, Sie misset sich halt zwenga!«* (Sie müssen sich halt überwinden!)

Die europäischen Deutungsversuche treffen neben den Schwaben noch die armen Schotten und deren vermeintliche Geizgemeinsamkeiten mit den »*special germans*«. Alles rankt sich um die Legende, die erklären soll, wie der Kupferdraht entstanden ist. Die Geschichte ärgert schon lange weder Schotten noch Schwaben, sie gehört in die Mottenkiste der drögen Vorurteile: der Kupferdraht wäre gezogen worden, als eben ein Schotte und ein Schwabe gleichzeitig einen Cent auf dem Boden entdeckt hätten. Um die netten Schotten wieder etwas aus der Nummer herauszunehmen, sei gern noch berichtet, dass man auch die Entstehung des Grand Canyon mit einem Schwaben in Verbindung bringt, der dort ein »*Zehnerle*« verloren hatte und gründlich schürfend danach suchte.

Der Schwabe aus dem Bilderbuch, zurückhaltend beim Geldausgeben, umso forscher dafür beim Suchen nach dem verlorenen Groschen. Der Schwabe, der nichts verkommen lässt und quasi alles für wiederverwendbar hält. Das Ganze soll sehr weit gehen. Es wird von Schwaben berichtet, die Holzzahnstocher nach dem Gebrauch wieder in die Halterung zurückstecken und eben ihr Mantra murmeln: »*Des tut's no elleweil guat.*«

Ich muss dabei allerdings zugeben, dass ich mir das nicht wirklich vorstellen kann. Meine Frau wiederum behauptet, es würde nicht sehr viel an Grundveranlagung fehlen, dann würde sie mir das auch zutrauen, und zu Hause wäre sie sich gar nicht so sicher, warum die neuen Zahnstocher immer so welk aussehen würden.

Um ein Vielfaches charmanter, aber auch treffender und feinfühliger sind da doch die spontanen Äußerungen unseres ausgewiesenen Schwabenkenners Manfred Rommel. Oberbürgermeister von Stuttgart zu sein war seine berufliche Erfüllung, obwohl ihn viele zu Höherem berufen sahen. Seine besondere Art und die Treue zur schwäbischen Metropole bescherten ihm Wahlergebnisse, die Zweifel am Stuttgarter Demokratieverständnis aufkommen lassen. Rommels Antwort auf die Frage, warum er seinen Stuttgarter Job dem in Aussicht stehenden Kabinettsposten in Bonn vorziehen würde, war schelmisch, klug, verschmitzt und eben kauzig, aber dafür lieben ihn die Stuttgarter: »Weil man hier seine Kleidung auftragen kann.«

Das ist nun wirklich ein erstes ganz zentrales Schlüsselwort der schwäbischen Sparsamkeit: »Auftragen«, was so viel sagen will wie, dass vor allem schwäbische Männer ungern Altkleidersäcke füllen und viel lieber das uns jetzt schon bekannte Schwabenkleidungsmantra schlechthin murmeln: *»Des tut's no guat!«*. Für die modeorientierte Lebenspartnerin noch schlimmer: *»Des tut's no lang!«*

Wenn »Auftragen« bei Frauen bedeuten kann, dass das zu enge Kleid *»am Ranza«* (Bauch) Querfalten wirft, so heißt »Auftragen« beim Manne, dass man das Hemd so lange trägt, bis es durch stoffliche Auflösungserscheinungen fast von allein *»vom Ranza«* fällt. Die letzten Etappen eines schwäbischen Kleidungsstücks sind dabei fast immer gleich. Wenn es als nicht mehr alltagstauglich eingestuft wird, trägt man es noch einige Jahre bei nicht öffentlichen Gelegenheiten im Kreise der geliebten Kernfamilie, bevor es dann final für ungefähr noch einmal so lang beim Autoputzen und vor allem sehr gern bei Gartenarbeiten zum Tragen kommt. Erst danach und immer noch schweren Herzens geht es langsam auf den Rote-Kreuz-Sack zu. Diese Kleiderspenden sind – wie man sich vorstellen kann – nur in den ganz übel zugerichteten Krisenregionen unserer Welt einsetzbar. Falls die Gattin einmal viel zu früh und viel zu massiv auf Entsorgung drängt, wird sie mit einer sehr geläufigen Redewendung abgespeist: *»I woiß gar net, was du scho wieder hasch, di Hos isch doch no gar net he!«* (Ich habe keinerlei Verständnis für deine unangemessene Reaktion, die Hose, die von dir so heftig beanstandet wird, ist noch gar nicht richtig kaputt!)

Rommel hatte auch für auswärtige Andersdenkende das passende Gegenargument auf die Vermutung, dass ein zehn oder noch mehr Jahre getragenes Jackett nicht unbedingt die aktuellen Modetrends widerspiegelt: »Der elegante Schwabe weiß eben schon beim Kauf eines Kleidungsstücks, was zehn Jahre später Mode sein wird.« Er ist modisch quasi der Zeit voraus. Sagen wir mal vorsichtig »meistens« und ebenso vorsichtig »die meisten«. Oder besser »einige manchmal«.

Sparsamkeit ist definitiv eine schwäbische Tugend. Anstand auch, und es gibt Momente im Leben einer schwäbischen Familie, in denen Entscheidungen verlangt werden, die Prioritäten ahnen lassen. So beschrieben in der wunderbaren Charakterkunde von Karl Napf »Der Schwabe als solcher«. Er beschreibt die moralische Zerreißprobe für eine schwäbische Familie im sündhaft teuren Hallenbad, als die Lautsprecherdurchsage mitteilt, in zehn Minuten stünde das Bad den FKK-Freunden zur Verfügung, während man selbst doch erst fünf Minuten gebadet hatte. Geld oder Moral hieß da die Frage, die der Familienvater dann schließlich mit den Worten entschied: *»Jetzt ziehe mir halt d' Hos aus ond badets ab.«* (Jetzt ziehen wir notgedrungen die Badehose aus, damit wir die bereits bezahlte Badezeit auch abbaden können.)

Beim Nachdenken darüber, wie, wann, weshalb, warum und wieso Schwaben Geld ausgeben, und eben aus vorurteilsgegebenem Anlass auch darüber, warum, weshalb und wieso oft auch nicht, widersprechen wir ausnahmsweise einmal dem hochverehrten Manfred Rommel, von dem noch folgende Aussage kolportiert wird: »Der Schwabe tut gerne so, als ob er arm sei, aber er ist beleidigt, wenn andere ihm das glauben.«

Ist das wirklich so oder ist es eher ganz anders? Gerade stille Beobachter und Zuhörer können erleben, dass Schwaben auf ihren vermeintlichen Geiz angesprochen werden und dabei zumindest nicht vehement widersprechen. Man scheint es nahezu als angenehm zu empfinden, dass die Umgebung zum Geizstempel greift und den Schwaben in die Gletscherspaltenschublade steckt. Manche Oberschwaben suhlen sich geradezu im Geizschlamm, der über sie geschüttet wird. Ganz nach dem Motto: »Wer uns Geiz nachsagt, der erwartet ja hoffentlich auch nichts von uns.« Jedenfalls kein Geld. Das kann die Basis für eine wirkliche Freundschaft mit Schwaben sein.

In manchen Restaurants gibt es sogenannte »Ladies Menues«, auf der die eingeladene Dame oder natürlich ersatzweise auch ein anderer wichtiger Gast auf der rechten Seite der Speisekarte keine Preise findet. Mit so etwas kann man einen schwäbischen Gast in die schiere Verzweiflung treiben oder ihm zumindest gründlich den Spaß am Essen verderben. Der Schwabe will wissen, was die Dinge kosten, selbst wenn er eingeladen ist. Wer weiß schon sicher, ob die Zeche am Ende auch bezahlt wird? An Lokalrunden beteiligt er sich eher nicht, egal, ob er bezahlen soll oder das Bier von einem großzügigen Spender überreicht bekommt. »*No kommt mr scho in nix nai.*« (siehe *Glossarisches, Seite 245*) Damit ist gemeint, dass man unüberschaubare Situationen, besonders der finanziellen Art, möglichst vermeiden will.

Noch einmal zum geistigen Inhalieren für die ganz und gar einsichtslosen hartnäckigen Schwabengeiztheorieanhänger. Der Schwabe ist eigentlich nicht geizig, aber er will wissen, warum und wofür er sein Geld ausgibt. Er will sogar wissen, warum und weshalb jemand anderes für ihn

Geld ausgibt. Grundsätzlich eine etwas skeptische Lebensgrundhaltung, aber durchaus einer sehr gesunden privaten Finanzplanung zuträglich. Viele Schwaben sind wohlhabend, manche reich. Es könnte daran liegen, dass sie alle sparsam sind. Aber doch nicht geizig.

Auch die Schwaben untereinander haben gewisse Erwartungshaltungen, die dem Geiz diametral gegenüberstehen: »*An Onkel, wo was mitbrengt, isch alleweil bessr als a Tante, die Klavier spielt.*« Geben ist eben auch im Schwabenland seliger als nehmen.

Als Reiseleiter kann man ein Lied davon singen. Auf der Tour muss man dem schwäbischen Studienreisenden mehr als jedem anderen immer wieder erklären, warum was wie viel kostet. Und wenn dem Schwaben etwas zu teuer vorkommt, dann verzichtet er darauf. So einfach geht das. Aber wenn es ans Trinkgeld geht und der Reiseleiter in den zwei Wochen der Reise einen guten Job gemacht und eben, schwäbisch ausgedrückt, »*feschte gschafft*« hat, dann gibt der Schwabe oft einen ganz großen, grünen Schein, übertrifft damit bei weitem all die anderen eigentlich doch so ungeizigen Bundesländler und erwartet dafür nicht einmal untertänigsten Dank: »*Scho rächt, mir saget danke, wer schafft, soll au sein rächte Lohn kriega.*« Der Schwabe hat seine Leistung bekommen und gibt dafür großzügig und gern. Möglichst ohne viel Aufsehen. Niemand soll wissen, wie viel er gegeben hat. Die anderen Mitreisenden dürfen gern das Lied vom geizigen Schwaben weiter singen. Wenn überhaupt, dann ist er beides, ein »*bissle geizig ond saumäßig großzügig*«.

Manchmal sind es aber dann einfach auch Missverständnisse, die den »*a bissle*« geizigen Teil des Schwaben an die Oberfläche spülen und ähnlich wie bei Dr Jekyll and Mr Hyde plötzlich sogar einen gar nicht nur »*a bissle*«, sondern wirklich »granatenmäßig« bösen Geizhals zutage treten lassen. So geschehen in der Buchhandlung, als der Mann auf der Suche nach einem geeigneten Geburtstagsgeschenk für seine Frau die Verkäuferin um Goethes gesammelte Werke bittet.

»Welche Ausgabe?«, fragt die Verkäuferin.

Der Mann stutzt und überlegt einen Augenblick, bewegt sich buchlos Richtung Ausgang und meint ganz lapidar: »Da haben Sie auch wieder recht.«

Diese krassen Ausnahmeerscheinungen werden aber auf den allgemein gängigen Schwabengeizmessgeräten auch glasklar im roten Problembereich gemessen und selbst von sparsamsten Vorzeigeschwaben mit den Bezeichnungen *»Entaklemmer«* (siehe *Glossarisches, Seite 245*) oder gar *»Furzklemmer«* in die Problemgruppe der »Kinder des Saturns« kategorisiert. Diese Arsch zuklemmenden Schwaben, die nicht mal einen Furz hergeben wollen, gibt es, sie sind aber eine radikale Minderheit, die aussterben könnte. *»Wär net schad drom!«* Oder wie sagen die Schwaben so klar: *»A Geizhals ond a fette Sau send erschd nach em Dot zu ebbas nutz.«* (Ein Geizhals und ein gut gemästetes Schwein kann man erst nach dem Tode würdigen.)

Es ist äußerst selten der Zufall, der den Schwaben lenkt. Die Schwaben planen ihr Leben und achten durch vernünftige Bevorratung darauf, niemals standortbedingten oder saisonalen Wucherpreisen ausgeliefert zu sein. Unterwegs, egal auf welche Art, hat man immer Proviant dabei, das *Vesper*. Diese Wegzehrung nimmt man auch gern einmal in der Wirtschaft am Wegesrand zu sich. Da kann es schon passieren, dass der Wirt den Kellner mit einer strengen Botschaft zum Vespertisch der Schwaben schickt: »Hier müssen Sie schon etwas bestellen.«

Der vespernde Schwabe kaut in Seelenruhe zu Ende, nimmt einen kräftigen Schluck aus der mitgebrachten Thermoskanne und erwidert: »Dann bestellen Sie dem Wirt halt einen schönen Gruß!«

Aber nicht nur in der Wirtschaft, auch beim Betreten eines Ladens wird unmissverständlich klargemacht, wieso man da ist: »*Mir guggat bloß, mir kaufet nix.*«

Das drosselt überzogene Erwartungen seitens des Verkaufspersonals schon einmal auf ein überschaubares Maß. Jetzt gilt es nur noch, auch die eigene Gattin von den Vorzügen der schwäbischen Sparsamkeit zu überzeugen, was manchmal schwerer ist als einem Schwaben lieb sein kann. Manfred Rommel hat hierfür einen ganzen Verhaltens- und Vorschlagskatalog vorgelegt und empfiehlt nach einigen philosophischen Grundgedanken vor allem den argumentativ-prophylaktisch-schmeichelnden Ansatz. Diese durchdachte Methode des suggestiven Sparappells halten viele für zielführend und am meisten erfolgversprechend: »*Schätzle, du siesch in daim alde Koschtümle oifach subber aus ond obadrai au viel jengger!*« Die Rommel'sche Möbelladenversion lautet: »*Wenn I die Meebel do so säh, da gfällt mr onser Wohnzimmer immer no am beschde.*« Um Missverständnissen vorzubeugen, wird noch nachgelegt: »*Grad so wie's isch!*«

Bei Urlaub und Reisen empfiehlt sich von Zeit zu Zeit auch eine angemessene Nachbetrachtung zur Zementierung der finanziellen Vernunft: »*Siesch, jetzt wär dr Urlaub au scho rom und onser Geld isch no do!*« Das ideologische Fundament für das nächste Jahr wäre damit schon einmal gelegt.

Vernünftige Sparsamkeit erfordert weise Voraussicht. Und immer wieder einleuchtende Argumente. Das Tragen von älterer Bekleidung schützt eindeutig vor Diebstahl. Neue Mäntel werden öfter gestohlen als die Modelle, die man eben ordentlich aufträgt.

Wir Schwaben tragen aber nicht nur unsere Kleidung, sondern wir essen auch unsere Teller ordentlich auf und zeigen damit der Welt, dass Essen neben dem Stillen des Hungers und dem Empfinden von Genuss durchaus auch etwas mit Sauberkeit und eben Ordnung zu tun haben kann. Der Schwabe schafft vom Prinzip her bei der Nahrungsaufnahme oft »*jesesmäßig*« was weg, und der Verdacht scheint nicht ganz unbegründet, dass das, was beim Essen gilt, auch das schwäbische Sexualleben prägen könnte, aber das ist ein anderes Thema, das mit der angemessenen Sorgfalt in einem anderen Kapitel des vorliegenden Buches beleuchtet wird.

Der Schwabe schafft halt immer und mehr wie die anderen, zu jeder Tages- und Nachtzeit, und so schafft er auch die Nahrung weg, indem er sie isst. Das hat verschiedene Gründe. Zum einen sterben in Afrika Kinder an Hunger, wenn der Schwabe und seine Familie ihre Teller nicht aufessen. Zwei Dinge zur Klarstellung. Den Zusammenhang zwischen Hunger in Afrika und leer gegessenen Tellern im Schwabenland habe ich noch nicht ganz verstanden, und mit Teller aufessen meinen wir natürlich nur die Speisen auf dem Teller. Die isst man auch aus dem weiteren Grund auf. Das, was auf dem Teller liegt, ist meistens schon bezahlt und somit, wie man im Schwabenland gerne festzuhalten pflegt, auch schon verschmerzt. Diese Grundhaltung eint Gast und Eingeladenen, wobei der Letztere noch ein wenig mehr in der Pflicht ist: »*Mr glaubt gar net, was in ein naipasst, wenns scho zahlt isch!*«

Der Schwabe ist niemals Zechpreller und so zahlt er stets alles, was auf den bestellten Tellern an den Tisch geliefert wird. Genau das verlangt aber auch von ihm und seiner Familie, dass alles gegessen wird, was bezahlt wurde – wegen dem Hunger in Afrika wahrscheinlich und vielleicht auch, weil das Geld für nicht gegessene Reste der schwäbischen Seele richtig weh tun: »*Lieber dr Mage verrenkt, als dem Wirt was g'schenkt.*«

Weil der Schwabe aber partout immer alles essen will, was ihm hingestellt wird, sind opulentere Kreuzfahrtschiffe nichts für ordentliche Schwaben. Sie scheitern daran, jedes angebotene Buffet wegzuschaffen, sprich essenderweise aufzuräumen. Man hört immer wieder Gerüchte von Schwaben, die beim Versuch, ihrer Pflicht nachzukommen, einfach geplatzt sind. Das wäre ein sehr schwäbisches Kreuzfahrerschicksal.

Schwäbische Väter essen gern vorbildhaft die Reste für ihre Kinder auf, die sich dann oft mit gleichaltrigen Freunden austauschen: »*Wenn mer dr Vater net hetta, müasste mr glatt a Sau ens Haus hola!*« Manfred Rommel meint, dass nur der Platzmangel die moderne schwäbische Familie von der Nutzviehhaltung abhält. Und man hat ja Papa. Den schlachtet man zwar nicht, aber kaum liegt er im Sterben, kommt die Familie manchmal rasant schnell vom Pfad der schwäbischen Tugenden ab.

Die zukünftige Witwe und die Kinder versammeln sich alle am Sterbebett des Familienoberhaupts und diskutieren eifrig über die richtige Wirtschaft für den Leichenschmaus. Die Mutter plädiert für den Ochsen, weil der so nah beim Friedhof liegt und sie nach der Beerdigung bestimmt dicke Füße vom langen Stehen hat. »*Der isch zwar net ganz billich, aber I muaß mit meine kabuttiche Fiaß net so weit laufa.*« Dabei hält sie die Hand ihres sterbenden Gatten, der offensichtlich zu keiner Regung mehr fähig schien, sich aber beim »*net ganz billich*« ein letztes Mal aufbäumt und im Angesicht des herannahenden Todes ruft: »*Ganget doch ins Lamm, des isch guat ond preiswert.*« Doch die Kinder wollen in den *Adler*, weil der eine gute Küche hat, die Mutter soll »*wäge de dicke Fiaß*« eben mit dem Taxi nachkommen.

Als sich das Wort Taxi über dem Sterbebett verfängt, richtet sich der Sterbende zur finalen Mahnung noch einmal auf und besteht auf seinen Vorschlag: »*Ganget halt ins Lamm, des isch guat ond preiswert ond des schafft d'Mama au mit ihre kromme Haxa, da brauchsch doch koi Taxe, wo komme mir denn no, wenn mir jetzt au no mit dr Taxe romfahra misse!*«

Während der Sterbende ins Laken zurücksinkt, widerspricht ihm die Familie im Chor: »*Sai doch du jetzt amol still, du bisch doch beim Esse gar nemme dabei!*«

Schwäbisch Problematisches #1

Sauberkeit übertreffen

Sollten Sie in das Schwabenland umziehen müssen, dürfen, sollen, können oder gar aus ganz freien Stücken wollen, dann werden Sie sich an die korrekte Einhaltung der Kehrwoche gewöhnen müssen. Die kennt jeder. Das wird allgemein gerne behauptet, stimmt aber nicht wirklich. Aber jeder hat schon davon gehört. Es ist so viel darüber gesagt, geschrieben, gefrotzelt und gelacht worden, dass man als Schwabe das Gefühl bekommt, in ganz Deutschland hätte jeder mindestens einen Hochschulabschluss im Fachgebiet »Kehrwoche« oder wenigstens einen Master im »Laubverräumen mit Kutterschaufel und Kittelschürze«.

Lustig über die schwäbische Kehrwoche machen sich vor allem die, deren Haus meistens so aussieht wie ein städtischer Wertstoffhof samstags kurz vor der Mittagszeit. Und da wären wir dann auch schon bei einem großen Thema in puncto schwäbische Sauberkeit. Die Handlungen rund um einen Wertstoffhof setzen in der Zwischenzeit den Maßstab für schwäbische Eigentümlichkeiten und kauzige Besonderheiten. Schon lange nicht mehr die Kehrwoche.

Jetzt könnte es gut sein, dass man diese Konzeption der gemeinschaftlichen Abfallbegutachtung auf einem sogenannten Wertstoffhof nicht überall in Deutschland kennt und damit also auch nichts anfangen kann. Wertstoffhof kann man aber nicht erklären, Wertstoffhof muss man erleben, der Wertstoffhof ist der heilige Gral einer sowohl den Abfall als auch dessen radikale Beseitigung verehrenden Religion. Die Handlungen dort haben wohl auch tief kultischen Charakter.

Wie es sich für Religionen gehört, glaubt man besser, wissen tut man meistens nicht. So werden dort zum Beispiel Glasfarben getrennt und später wieder zusammengeschüttet. Das verstehen Fremde nicht. Einheimische allerdings genauso wenig. Aber man tut es. Kommunale Weihepriester wachen über die korrekte Einhaltung der heiligen Handlungen, und der Verstoß gegen Vorschriften und Liturgie wird kompromisslos mit gnadenlosem Ausschluss aus der Gemeinde der heiligen Abfalltrenner bestraft. Dann muss man in seinem eigenen Müll ersticken.

Der Wertstoffhof ist das Mekka der Glasfarbentrenner. Der Altar der schwäbischen Mülltrennung. Das jüngste Gericht der Wohlstandsgesellschaft. Die Alhambra der ausgelöffelten Joghurtbecher. Das Lourdes der Wiederverwertung. Der Offenbarungsort für Dolmetscher und Deutschlandreiseleiter. Es gibt zwei Dinge, bei denen Übersetzungsversuche für Gäste aus Übersee in gestammelten, wirren Erklärungen und großen Missverständnissen enden. Bei Barfußparks glauben Amerikaner immer, es handle sich um einen Freiluft-Swingerklub der ganz derben Sorte, und beim »*Valuable Devices Courtyard*« denken sie eher an eine Schatzinsel der modernen Art als an Mülltrennung.

Man ist sich da weitgehend einig. Wer dunkelgrünes zu dunkelbraunem Glas schmeißt, der hat eine harte Bestrafung verdient und darf nicht mit Nachsicht rechnen. Nachsicht führt zu Schlamperei – und wo kämen wir denn da hin. Schlimmstenfalls in eine Art »*Verbremung*«. Und aussehen wie in Bremen soll es bei uns nicht.

Die konsequente Verfolgung selbst kleinster Mülltrennungsvergehen hat in der Regel zur Folge, dass die potenziellen kleinen Sünderlein ihren Müll sehr schnell einwerfen, um nicht auf frischer Tat bei Farbfehlern ertappt zu werden. Dabei passiert es vor allem Frauen gern, dass sie in der angespannten Wurfhektik den Flaschen auch noch ihren Autoschlüssel hinterherwerfen.

Das ist aber halb so schlimm. Viel eklatanter ist der Verstoß gegen die Trennvorschriften. Der Schlüssel passt eindeutig materiell nicht zu den Flaschen, geschweige denn farblich zu Braun- oder zu Grünglas. Es soll Frauen geben, die sich in ihrer Ohnmacht selbst den Flaschen hinterhergeworfen haben. Die Autos dieser Verzweiflungstäterinnen werden wohl an Ort und Stelle fach- und trenngerecht verschrottet, die Kinder vorher vom Auto getrennt und gerettet. Die können ja nichts für ihre dämlichen Mütter.

Sollten Sie als Nordlicht kein Bild von einem Wertstoffhof haben, weil es ein solches Mülltrennungs-Babylon in den meisten schwabenfernen Gefilden nicht gibt, dann stellen Sie sich einfach einen riesigen Ameisenhaufen vor, in den Sie mit einem Fuß wuchtig hineingetreten und dann noch Ihren Mülleimer darüber ausgeleert haben. Wenn das Ihre müllaufräumungsbegrenzte nord-»Main«-ische Vorstellungskraft immer noch überfordert, dann denken Sie ersatzweise einfach an die Zustände bei Pippi Langstrumpf zu Hause. Trennen und Sortieren ist Chaos und Durcheinander zum Wohle der späteren Ordnung, der gründlichen Sauberkeit und des Umweltschutzes. Man kann jetzt versuchen, das zu verstehen, man kann es aber auch bleiben lassen. Wie heißt es so schön? Glaube versetzt Berge, auch Müllberge.

Nun aber noch einmal zurück zu den Menschen, die über das System der Kehrwoche süffisant lächeln und ihre eigenen Behausungen, die nicht ganz so aufgeräumt sind, an Pippi Langstrumpf erinnernd etwas entschuldigend »Villa Kunterbunt« nennen. Wir Schwaben sehen dies anders und sagen es auch: »*Wie mrs Häusle so verkomma lassa koa, die Schlampr, die elendige!*« Und diese Schlamper behaupten dann auch noch zu wissen, was eine gescheite Kehrwoche ist.

Doch weit gefehlt. Gerade der norddeutschen Bevölkerung sind die Strukturen, Regeln und Konventionen der schwäbischen Kehrwoche genauso unbekannt wie uns Schwaben das Zusammenleben und Wohnen in einem westafrikanischen Zulukral im hinteren Teil von Timbuktu. Aber wie lernt man »Kehrwoche machen« und wie erkennt der Fremde möglichst auf den ersten Blick, dass er sich innerhalb der Demarkationslinien eines streng abgegrenzten Kehrwochenbiotops bewegt? Wie geht denn die Kehrwoche? Gibt es eine grundlegende Kehrwochenpädagogik? Gibt es so etwas wie eine goldene Regel oder einen Leitspruch, der uns durch jede Kehrwochenaktion begleitet? Hat Wilhelm Busch in seinem phänomenalen Struwwelpeter irgendwo einmal ungezogene Kinder gewarnt und einen gescheiten Mahnvers zur Kehrwoche abgelassen? Seine eindringliche und heute noch Kinder erblassen lassende »Nach sieben Tagen war er tot«-Grundlagenpädagogik für Nahrungsverweigerung könnte wahrscheinlich die Kleinen am ehesten dazu bewegen, die Kehrwoche ins schwäbische Fleisch und Blut zu bekommen.

Vielleicht so ungefähr folgendermaßen: »Der Kunibert, der Kunibert, der wollte gar nicht kehren, der Vater hat ihn eingesperrt, die Kehrwoch' ihn zu lehren. Doch Kunibert verstand es nicht und blieb ganz ohne Besen, der Vater tat nach Schwabenpflicht und ließ den Sohn verwesen. Den Sohn im Keller fand die Mutter, er war Skelett und lang verreckt, sie griff zur Schaufel namens Kutter und putzt den Keller wie geleckt. Und die Moral von der Geschicht'? Mach einfach Kehrwoch', des isch Pflicht!«

Diese Pflicht gilt für eine Reihenhaussiedlung genauso wie für ein freistehendes Einfamilienhaus. Auch dort sind die grundsätzlichen Regeln der schwäbischen Kehrwoche unumstößliches Gesetz, dessen Einhaltung von zumeist weiblichen Kehrwochensheriffs überwacht wird. Aber auch pensionierte männliche Senioren machen diesen verantwortungsvollen Job sehr gerne ehrenamtlich oder für ein Glas Trollinger mit Lemberger bei entspannter Berichterstattung im Nachbargarten. Die Schwaben haben ein Kehrwochenauge. Man nimmt sie nicht wahr, trotzdem sind sie da und gucken. Schließlich hat der Nachbar ein Fernglas und ist nicht Ornithologe.

Noch penibler allerdings sollte man die Kehrwoche in einer Etagenwohnung angehen. Genauer gesagt davor. Hinterfragen Sie nichts, machen Sie einfach. Wenn Ihnen die Sensibilität und das Grundverständnis für das »Wie« und »Warum« fehlen, schauen Sie einmal einen alten Tatortkrimi mit dem Stuttgarter Kommissar Bienzle und seiner nicht mit ihm verheirateten Freundin Hannelore an. Was lernt man von einem solchen Krimi? Dass uneheliches Zusammenleben die Miete erhöhen kann und dass mit der korrekten Ausführung der Kehrwoche die Assimilierung zum Vollschwaben besonderen Schwung bekommt.

Wenn Sie nicht zu den Fernsehern gehören – ich meine zu den Fernsehguckern – dann lesen Sie den wunderbaren, sehr heiter und auch sehr ironisch daherkommenden Roman von Elisabeth Kabatek: »Laugenweckle zum Frühstück«. Hier wird der Hausflur zur Kommunikationszentrale, aber auch zum Stammtisch ohne Tisch und zum gefährlich fixen Schnellgericht ohne Grundgesetz und Robe. Wehe, man wird von der Hausflurpatrouille abgefangen, ohne seiner Pflicht zur Kehrwoche Genüge getan zu haben.

Formulieren Sie als Reingeschmeckter aber bloß keine gut gemeinten Änderungsvorschläge. Denken Sie daran, dass es in allererster Linie gar nicht unbedingt so sehr um Sauberkeit geht. Doch, es geht schon um den täglichen Kampf gegen den Dreck, den Schmutz und den Staub, aber in erster Linie geht es darum, den anderen, sprich den Hausmitbewohnern und den Nachbarn, ja, natürlich auch den verkappten Ornithologen zu zeigen, dass man die Kehrwoche macht und dabei eben saumäßig schafft.

Zeigen Sie sich zu den strategisch wichtigen Zeiten mit Besen, Lumpen und Kutterschaufel. Achten Sie darauf, dass man Sie sieht. Noch besser ist, Sie tragen bei der Kehrwoche eine sogenannte Kittelschürze, die Uniform der Kehrwoche. Vorne geknöpft und das Gegenteil von figurbetont zeigt dann schon Ihre Kleidung, dass Sie die Kehrwoche machen und die Vorgaben genauestens einhalten. Sie zeigen, dass Sie schaffen – und das ist das Wichtigste.

Übrigens, Kittelschürzen kauft man am besten auf einem Krämermarkt. Es gibt dort wirklich noch ein paar wenige ganz auf diese Lusttöter konzentrierte Verkaufsstände, die farblich wirken wie ein Wertstoffhof samstags um elf Uhr. Nämlich genau so, wie bei den Schlampern die Wohnungen aussehen. Farblich jedenfalls. Nur sind die Kittelschürzenträger mit ihren dadaistischen Farbkompositionen eine Stunde früher dran. Auf dem Wertstoffhof. Eben farblich gesehen. Was das jetzt heißen soll, weiß ich selber nicht – zurück zur

Kittelschürze. Sie hat auch Vorteile. Immerhin kann man sie vorne aufknöpfen. Zum Lüften, beispielsweise.

Bitte vergessen Sie nie, es geht um die Gesamtdarstellung. Machen Sie aber vor lauter Anpassungsbemühungen keinen Kardinalfehler. Machen Sie nie mehr als vorgeschrieben, versuchen Sie niemanden zu übertrumpfen und reinigen Sie um Gottes willen keine Ecke, die von Ihren schwäbischen Mitbewohnern wohl immer vergessen wurde. Das kommt gar nicht gut an. Es wird ziemlich sicher als unverschämter Versuch gewertet, die alteingesessenen Schwaben im Haus als Drecksäue dastehen zu lassen. Das wäre das Ende Ihrer Sozialisierung, bevor sie überhaupt richtig begonnen hat. Und das wäre schade, denn Sie wollen doch ins Schwabenland hineinwachsen. Oder etwa nicht?

Schwäbisch Herzliches

und der letzte Sterbende

Schwaben sind extrem herzliche Menschen, aber sie wollen nicht unbedingt, dass man es bemerkt. Aus diesem Grund verstecken sie ihre Gefühle manchmal und wirken dadurch ein wenig abweisend oder gar grantig. Theo Waigel würde sagen: »Verdruckt eben.«

Das Fremde kann den Schwaben verstören. Vor allem, wenn es uns zu nahe kommt. Wenn es plötzlich vor uns steht, ohne Anmeldung, ohne Vorankündigung. Mitten im Schwabenland, unserem ureigensten Territorium. Herangerobbt wie der Vietcong. Das findet der Schwabe bedrohlich. Zitieren wir wieder einmal Manfred Rommel: »Zuneigung kann durch Entfernung entstehen und Abneigung durch Nähe.« Er begründet diese Erkenntnis mit dem deutsch-chinesischen Verhältnis, das allseits als sehr gut eingeschätzt wird. Eben weil man weit genug voneinander entfernt ist.

Der in Deutschland lebende syrische Schriftsteller Rafik Schami hat in einem Essay in der Stuttgarter Zeitung das Fremde einmal als Bestie beschrieben. Diese auch in der schwäbischen Wahrnehmung so gefährlichen Bestien leben näher an den schwäbischen Territorien, als dem Schwaben lieb sein kann, und es gibt keine Schutzzäune wie im Krüger-Nationalpark oder der Kalahari. Diese fremden Bestien sitzen plötzlich in der Stammwirtschaft wie einst der berühmte Tiger unter dem Billardtisch in der Bar des Raffles Hotels in Singapur. Den Tiger hat man kurzerhand erschossen und wahrscheinlich zum Tischvorleger von Miss Sophie gemacht. Oder so ähnlich.

Unsere Tiger sind die anderen Volksgruppen aus Restdeutschland, die uns manchmal unangenehm nahe kommen. Wir können sie ja aber nicht alle erschießen. Wollen wir auch gar nicht. Nur manchmal unsere Ruhe haben. Wenigstens am Stammtisch einmal nicht dauernd fotografiertes Ausstellungsstück sein. Schwäbisch schwätzen, ohne die ganze Zeit für irgendwelche hochdeutschen Halbdackel zu übersetzen. »*Au mol Gosch halta, oifach schlotza ond dr liebe Herrgott an guata Mo sai lassa.*« (Einmal schweigen, trinken und über nichts diskutieren.) Das sollte doch machbar sein in unserer ureigensten Heimat. Die fremden Glotzer sollen doch in die Wilhelma (zoologisch-botanischer Garten in Stuttgart) gehen. Da haben wir jetzt ein ganz tolles Affenhaus. Die Affen versteht der Norddeutsche sprachlich ebenso wenig wie die Stammtischler.

Irgendwo läuft der Kulturlimes entlang, hinter dem unschwäbische Barbaren leben, alles Analphabeten, jedenfalls können sie kein bisschen Schwäbisch. Wie soll man sich da verständigen? Es wird erzählt, dass die Schwaben gegen diese brezellosen Barbaren sogar eine Abwehrmauer bauen wollten, aber das Projekt aufgaben, als sie bemerken mussten, dass schon der erste Kaiser von China diese Idee hatte und seit dieser Zeit an der chinesischen Mauer gebaut wurde.

Wenn die Chinesen auch unsere Entwicklungen abkupfern, der Schwabe tut so etwas nicht. Da Herr Qinshihuangdi seine Patentschrift für barbarenabwehrende Mauerwerke pünktlich auf dem Patentamt in München abgegeben hatte, verzichteten die Schwaben auf solch ein Bauwerk und konzentrierten sich wieder auf die Erfindung des Automobils. Herr Qin war übrigens nicht nur Erfinder, sondern nebenberuflich auch erster Kaiser von China, wahrscheinlich auf 400-Euro-Basis, sonst lohnt sich so ein Nebenjob ja gar nicht.

War Marco Polo jemals in China? War der Kaiser von China jemals auf dem Münchner Patentamt? Was weiß man schon mit Sicherheit? Vermuten wir mal, dass beide Fragen die gleiche Antwort haben.

Für Schwaben sind alle Gebiete spätestens ab nördlich des Mains exterrestrisch und von Außerirdischen besiedelt. Wer so wenig vom Schwäbischen versteht, muss von einem anderen Planeten kommen. Fragen Sie Däniken oder schauen Sie sich den Bundespräsidenten Wulff an. Der ist weiter weg vom Schwaben als der Mars von der Erde. Schwaben stellen sich die Frage, ob es irgendwo im weiten Universum einen Planeten gibt, wo lauter »Wulffe« leben und wo man statt Taufe und Kommunion bei der Aufnahme in die Gemeinde der Wulffe einen kräftigen langen Stock schlucken muss.

Schwaben haben eine geradezu pathologische Angst vor einer flächendeckenden Verwulffung ihrer Heimat. Schon deshalb sollte man als Außerirdischer beim Betreten einer schwäbischen Dorfwirtschaft nicht unbedingt davon ausgehen, dass der versammelte Stammtisch freudig aufspringt und ein gemeinsames Willkommenslied anstimmt: »Macht auf die Tür, die Tor macht weit, es kommt ein Fremder reingeschneit.«

Nein, das wird nicht passieren, so viel kann man als gesichert festhalten. Das Stammtischgespräch wird bei Ihrem

Eintreten für eine Weile verstummen, aber das macht gar nichts, denn Schwaben müssen nicht unbedingt schwätzen beim Schlotzen, sie neigen beim Trinken eher zur inneren Einkehr. So ein Stammtisch von stillen Schwaben wirkt auf nicht Eingeweihte manchmal ein bisschen wie die Jahreshauptversammlung eines Schweigeklosters. Aber bei aller meditativen Trollingerkontemplation darf man schon gucken, vor allem beim unvorhergesehenen Eindringen eines Außerirdischen.

Ein Fremder vor dem schwäbischen Stammtisch. Viele Fragen gibt es da zu klären. Ist er allein oder ist er nur die Vorhut? Er ist eindeutig ein Außerirdischer, wo steht sein Raumschiff? Warum hat man dem letzten Vortrag von Erich von Däniken eigentlich nicht besser zugehört? Warum sieht der Eindringling überhaupt nicht aus wie E.T., spricht aber so? Was will er hier? Hat er einen Auftrag? Weiß er, dass nicht nur der schwäbische Kartoffelsalat ausstirbt, sondern dass es auf dieser Welt auch bald keinen Trollinger aus dem Fass mehr gibt? Ist der Außerirdische auf einer Mission vom Mars oder nur von der Galeria-Kaufhof-Filiale Wilhelmshaven? Sucht er den besten Wein der ganzen Welt für die Erfüllung seines Auftrags? Hat eine andere Zivilisation von irgendwo hinter dem Mond endlich nachweisbar herausgefunden, was Schwaben seit Beginn des Weinanbaus schon immer gewusst und auch gesagt haben? Der Trollinger macht klug, weise, gerecht, schön, jung, tolerant, aufgeschlossen, lässt Haare wieder wachsen, und zwar auf dem Kopf und nicht aus den Ohren oder der Nase! Und unsere Gottesgabe schmeckt einfach gut. Finden die Schwaben auf jeden Fall.

Doch wir Schwaben, nein, die ganze Menschheit will nicht nur auf Besuch warten, wir wollen auch aufbrechen und besuchen. Es darf auch ruhig ein wenig weiter weg sein. »*The Trollinger-Mission to Mars and Jupiter*« wird von der NASA bereits an geheimen Orten geübt.

Falls man auf den entfernten Planeten mit fremden Lebewesen oder gar hoch entwickelten Zivilisationen konfrontiert sein sollte, will man als Gast das Beste dabeihaben, das die Erde und ihre Bewohner in Tausenden von Jahren kulturellen Strebens hervorgebracht haben: Trollinger.

Diese äußerst weise Entscheidung der amerikanischen Weltraumeroberer hat nichts mit der kritischen Haushaltslage der USA zu tun, hilft aber preislich, vor allem, da die Stadt Stuttgart der NASA bei den Verhandlungen enorm entgegengekommen sein soll. So mancher Stuttgarter Kommunalpolitiker sieht im Traum schon Raumschiffe durch das weite All fliegen, gefüllt mit Stuttgarter Trollinger und mit der von außen gut lesbaren Aufschrift versehen: »*Let's trollinger the Mars!*« Der Trollinger würde Stuttgart doch wieder zur Weltstadt machen, um nicht zu sagen zur »Weltallstadt«. Die Wissenschaftler sprechen schon von einer zweiten Milchstraße, die selbst bei internationalen Konferenzen »Trollingergässle« genannt wird. All diese wilden Gerüchte lassen bei den Schwaben die Frage reifen, wann die erste Flasche Trollinger zum Gagarin der Schwaben wird?

Jetzt ahnt der Arglose, warum die Stadtwinzer von Stuttgart den nächsten Jahrgang eventuell »Planetenkrebsler« nennen wollen. Der Heilbronner Stiftsberg komponiert gerade einen Trollinger mit Lemberger, der als hellroter »Château Gaga« für immer an die schwäbische Eroberung des Weltalls erinnern soll. Man bereitet sich so gut vor, wie man eben kann.

Aber zurück zum Stammtisch.

In der Wirtschaft mit dem Stammtisch wäre die Begegnung mit dem Fremden eigentlich so einfach. Wie wäre es mit grüßen und den fremden Gast einfach fragen nach dem Woher, Wohin und dem Warum? Aber das scheint gar nicht zu gehen, der Schwabe fragt recht ungern. Jedenfalls der Mann. Anstatt nach dem Weg zu fragen, fährt er lieber drei Stunden durch die Gegend. Die Schwäbin fragt lieber gleich nach dem Weg, unterhält sich dabei ungefähr zwei Stunden und sucht dann mit Wegbeschreibung noch einmal drei Stunden.

Wir Schwaben vermuten einfach gern. Nicht so sehr beim Erfinden, beim Bauen oder beim Schaffen, eher so beim Schwätzen halt. So in der Freizeit zum Beispiel. Wenn üble Nachrede und persönliche Verunglimpfung mit Orangensprudeltrinken bestraft werden würde, dann würden Sinalco und Bluna an schwäbischen Stammtischen Rekordumsätze machen. Wer mit wem wie oft und warum (es liegt keine schriftliche Übersetzung vor, werfen Sie sich einfach naiv in die Sprache der Schwaben):

»Abr es isch gwiaß net bees gmoint.«

»Wemmers wissa dät, wärs au wieder nix.«

»Ääba.«

»So kännts gwä sai, aber vielleicht au ganz anderschd.«

»Abr auf jeden Fall war was, des isch gwiaß wohr.«

»Heidenai, was du alles woisch.«

»Mai Weib moint, die andre Waiber traatschets rom.«

»Also wenn die mainiche amol stirbt, muasch d'Gosch sicherheitshalber a zwoitsmol hehaua, sonscht gibt se koi Ruah!«

»Ha no.«

»Du schwätsch wieder an Papp raus, dass der Heiland d'Stieg nafliegt.«

»Des isch abr gwiaß wohr.«

»Ha so ischs na au wieder net.«

»*Sapperlot jetzt abr, des Romgemaule macht mi no wirklich kraiznarett, heiliger Bimbam abr au, des geht euch doch an Scheiß oa.*«

»*Ha no. Jetzt reg de doch net so uff, mr schwätzt doch bloss driber. Also Brooscht.*«

»*Brooscht.*«

»*Sehr zom Säga.*«

Schweigeminuten, ein jeder trinkt.

So ähnlich könnte es sein am heiligen Stammtisch. Da *mitzutun* bedarf einer sprachlichen Reife, die für Nichtschwaben unerreichbar scheint.

Und trotzdem, auch wenn man etwas schwerer zum inneren Kern des Schwaben vordringt und das Brett, in das man bohrt, immer etwas dicker ist, es hält eben auch besser als ein dünnes. Dünnbrettbohrer haben wir eh schon genügend.

Wenn Sie den Schwaben einmal als Freund gewonnen haben, dann »*hebt des*« auch, und Sie haben einen treuen Kameraden, der nicht beim ersten Missverständnis beleidigt das Weite sucht, der sein Herz, aber auch seine Türen öffnet: »*Kommet ruhig rai ond setzet euch no, s' isch net so wia bei arme Leit, wo d'Meebel an d'Wand gmolt send.*« (Bitte kommt doch herein und setzt euch, wir haben schon Möbel zum Sitzen, wir malen sie nicht an die Wand.)

Hört man da fast etwas Großkotziges heraus? Nein, ganz bestimmt nicht, der Schwabe zeigt nun seine herzliche und auch großzügige Seite. Dem Gast soll es an nichts mangeln.

Es gibt viele schwäbische Sprichwörter, Ausdrücke, Bonmots und kluge Sätze, deren tiefere Bedeutung sich oftmals erst nach mehrmaligem Hinhören erschließt. Sie treffen aber eigentlich immer den Nagel auf den Kopf. Eigentlich. Es gibt einen Satz, den man immer und immer wieder zu hören bekommt, den auch Schwaben über sich selbst lachend immer wieder zitieren, der aber nach meiner tiefen Überzeugung mit der schwäbischen Realität nichts, aber auch gar nichts zu tun hat. Es ist der angebliche Prototyp der schwäbischen Sonntagnachmittagseinladung: »*Kommet glai nach em Kaffee, dass ihr zom Veschper wieder dahoim sai kennet.*« (Schaut, dass ihr etwas später kommt, dann könnt ihr etwas früher gehen.)

Nein, nein und nochmals nein! Ernst gemeint ist mir diese Form der Einladung in fünfzig Schwabenjahren noch nicht widerfahren. Das Problem einer Schwabeneinladung gestaltet sich genau andersrum.

Man hat gerade seinen gemischten Braten mit Bergen von handgeschabten Spätzle und Schüsseln voller Kartoffelsalat gegessen, dabei in der Regel schon die Aufnahmekapazitäten des eigenen Körpers erforschen und feststellen dürfen, dass es da Grenzen gibt, »*wo oifach nix meh naigoht*«. Während man noch darüber nachdenkt, wie man mit dem »vollen Ranzen« irgendwie in noch einigermaßen angemessener Form vom Tisch wegrollen könnte, kommt schon das obligatorische, aber auch durchaus vernünftige Angebot zum gemeinsamen Verdauungsspaziergang.

Man kann sich in diesem Moment gesteigerte Panikgefühle ob der eigenen miserablen Körperkonstitution sehr gern sparen.

Nach einem Gewaltmarsch von durchschnittlich siebeneinhalb Minuten sitzt man schon wieder am reich gedeckten Kaffeetisch und ist versucht, ein relativ bekanntes Lied von Udo Jürgens anzustimmen.

Kondition braucht man bei einer richtigen Schwabeneinladung beim Essen, nicht bei der Bewegung. Maximal bei der Schaufelbewegung: »*Bevor i me schlage lass, nemm i no a Stückle.«* Das hört der schwäbische Gastgeber gern, der Gast wird mit solchen Sätzen seiner ihm zugedachten Rolle als alles verschlingender Vielfraß gerecht.

Aber damit ist das Tagwerk des langsam verzweifelnden Besuchers noch nicht vollbracht. Denn man hat gerade die viereinhalb Stück Sahnetorte mit einem »*Riebele*« (Endstück) hausgemachten Zopfs vollends in den Magen gedrückt und sich dabei die Frage gestellt, ob das die Methode ist, eine Stopfleber zu bekommen, da rollt schon die Frage auf einen zu, die man den ganzen zweiten Teil des Nachmittags lang befürchtet hat: »*Ihr bleibet doch zom Veschper?*«

Es ist eigentlich keine Frage, es ist eine Feststellung mit einem unterschwelligen Befehlscharakter: »*Esset no, sonscht fliegt doch elläs in dr Kutteroimer.*« (Esst ruhig, was nicht gegessen wird, fliegt in den Abfalleimer.)

Wer hier kneift oder schwächelt, hat einen Schwaben nicht zum Freund verdient. Mit einem klaren »*des wär aber net needich gwä*« (aber bitte keine Umstände) gibt man quasi die Freigabe zum Schlussakkord der sonntäglichen Völlerei.

Berge von Wurst werden aufgetischt. Der Gastgeber fragt den ganzen Mästungsnachmittag über in regelmäßigen Abständen: »*Ko mer's essa?*«

Hier sollte man dann als Gast mit euphorischen Lobeshymnen voller ekstatischer Begeisterung nicht geizen: »*S'isch ned schlecht*« oder ein überwältigendes »*s'isch ganga*« kann nur noch durch ein »*mr hats essa kenna*« übertroffen werden.

Bei aller Begeisterung über die schwäbischen Herzlichkeiten sollte man nämlich die oberste Beurteilungsregel nie verletzen: »*Net bruddld isch gnuag globt.*« (Nicht gemeckert ist genug gelobt.)

Es gäbe noch vieles aufzuzählen, wenn man über die Herzlichkeiten der Schwaben spricht, ihren Großmut, ihre Loyalität und ihre Zuverlässigkeit. Mag sie mancher von außen als spröde bezeichnen, nur weil ihr Begriff von Freundschaft vielleicht der modernen Bussigesellschaft diametral gegenübersteht, der Schwabe hat seine ganz eigene Auffassung von Freundschaft: »*A Fraind isch oiner, wo di mog, obwohl er di kennt.*«

Der außergewöhnliche Charakter schwäbischer Herzlichkeiten kommt in den schweren Momenten des menschlichen Daseins besonders pointiert zum Tragen. Selbst am Ende eines schwäbischen Lebens denken die Zurückbleibenden erst an ihre Gäste, was auch dem Dahinscheidenden unmissverständlich klargemacht wird. Der ungeschriebene, aber sehr wohl viel beachtete Schwabenkodex verlangt auch vom Sterbenden eine gegenüber dem Gast uneingeschränkte Fürsorge.

Als der Schwabe im Sterben liegt, erwacht er noch ein letztes Mal, als ihm der irdische Duft eines wunderbaren Sauerbratens unter die Nase wandert. Mit schwacher Stimme wendet er sich an seine ihn liebende Gattin, die ihm in seinen letzten Erdenstunden die Hand hält: »*Oh Weib, sei so liab ond breng mr no an kloina Teller von dem Broda, mit mir gots nemme lang.*« (Geliebte Gattin, würdest du die abschließende Freundlichkeit besitzen und mir auf einem kleinen Teller ein Stück vom Braten bringen, meine Lebenszeit neigt sich dem Ende entgegen.)

Die Frau zögert keinen Augenblick mit der entsprechenden Antwort. Ihre Worte an den Sterbenden sind geprägt durch eine angemessene Aufteilung ihrer Fürsorge zwischen dahinscheidendem Gatten und erwarteten Begräbnisgästen. Sie mögen dem Nichtschwaben etwas unsensibel vorkommen, sie sind aber lediglich Ausdruck der herzlichen Gastfreundschaft der Schwaben: »*Noi, lieber Mo, jetzt wird nemme gessa, jetzt wird gstorba. Der Sauerbroda isch nemme für di, der isch no scho für die Beerdigungsgäscht! Jetzt hilfsch dr halt ogeesa vollends nom.*« (Mein lieber Mann, das lassen wir bleiben, jetzt wird nicht mehr gegessen, jetzt wird gestorben, und der Sauerbraten ist schon nicht mehr für dich, sondern für unsere Gäste auf deiner Beerdigung. Jetzt schau halt, dass du es ohne Essen hinüberschaffst.)

Schwäbisch Problematisches #2

Sprache nachmachen

Tun Sie es einfach nicht. Wir brauchen da gar nicht so lange herumzudiskutieren. Es muss einfach klar sein. Finger weg und schon gar nicht die Lippen bewegen. Das hier Geschriebene ist nur zu Ihrem Schutz. Es gibt zwar anscheinend tolle Patentrezepte, mit denen man fast zum schwäbischen »*Native Speaker*« mutieren soll, aber die Betonung liegt eben auf dem Wörtchen »fast«. Denn wenn dieses Fast-Schwäbisch belästigend in unsere Ohren dringt, dann kann das einen empfindlichen Schwaben nahezu umbringen. Unzulängliches Dilettantenschwäbisch klingt für uns so furchtbar und unerträglich wie das sächsische Mitropa-Englisch appetithemmend und Übelkeit verursachend für die internationalen Fahrgäste der Deutschen Bundesbahn.

Den Unterkiefer leicht vorschieben, an nichts Erhabenes denken und dann die Sprache einfach kommen lassen. Lektion eins im Lehrbuch »Schwäbisch für Anfänger«. So soll man es machen, so kann man es lernen. Aber es ist wie beim Rezept für den schwäbischen Kartoffelsalat. Man kann ihn streng nach den geschriebenen Vorgaben zubereiten, und trotzdem schmeckt der Salat grauslich. Und für den schwäbischen Dialekt gilt, dass man ihn nur mit der Muttermilch oder spätestens in der noch stark prägenden Kleinkindphase aufnehmen kann. Alles andere bleibt später für immer und ewig stümperhaft.

Sollten Sie einer dieser naturveranlagten Familienkomiker sein, verzichten Sie für die Dauer Ihres Aufenthaltes in unserem dialektverseuchten Schwabenland auf Ihre begeisternden Auftritte vor den johlenden Verwandtschaftsgroupies. Was sagen Sie? Ihr Publikum ist immer begeistert und der festen Überzeugung, dass Sie alle regionalen Dialekte supergut rüberbringen? Das mag alles sein, wenn es allerdings mit dem Schwäbischen schiefgeht, gibt es »*so granatemäßig oins uff d'Gosch nuff, da kannsch mit de Zähn in deiner Gosch Canasta spiela!*«

Nein, wirklich, es geht gar nicht. Sie können es nicht, Sie werden es nie können, also lassen Sie es einfach bleiben. Das ist gut für alle Seiten.

Wir sprechen über Schwäbisch. Über das Nachmachen, das Imitieren, das Parodieren, alles in allem über das Schwäbisch schwätzen, obwohl man es nicht kann. Meine lieben Leute, dann lässt man es halt bleiben. Verstanden? *Got it? Vous compris? Capito? Tingdedong?* Passt die Botschaft durch den Birnenschlitz? Wir wollen kein schwäbisches Ohnsorg-Theater mit Laienschwätzern von den Küsten. Wir finden euch alle wirklich nett und freuen uns auch sehr über jeden Besuch von euch, aber wir wollen, dass ihr in eurer eigenen Dialekthütte bleibt und euch nicht im Dickicht der schwäbischen Sprache verirrt.

Ok, ok, ihr dürft schon versuchen, uns in der Landessprache zu begrüßen und damit dem lieben Gott ein wenig näher zu sein. Klar dürft ihr euch auch mal schwäbisch verabschieden, obwohl uns Schwaben schon die angehochdeutschte Intonation eines locker in den Raum geworfenen

»*ade zusammen*« im Regelfall mit den Zähnen knirschen lässt. Wieso wird eigentlich bei fast allen Nordgoschen das einfachste Wort mit gerade einmal drei Buchstaben zu einem derartigen Sprachdesaster? Wieso kann ein Hamburger eigentlich nicht ganz normal »*ade*« sagen? So, wie es sich gehört. Ist das der Versuch, uns durch absichtliche und vorsätzliche Zerstörung der schwäbischen Sprache zur flächendeckenden Einführung des ungeliebten Hochdeutsch zu zwingen? Wir werden uns wehren! Und wie!

Es gibt erschreckende Nachrichten aus der Linguistik. Für viele Nichtschwaben. Anscheinend sind dreitausend Sprachen und die damit verbundenen Kulturen vom Aussterben bedroht. Das ist immerhin die Hälfte der weltweit heute noch gesprochenen Sprachen. Auch in Deutschland sind nach Einschätzung der UNESCO gut ein Dutzend Regional- und Minderheitssprachen gefährdet. Friesische und fränkische Dialekte sind beispielsweise betroffen. Wirklich schade. So etwas macht Schwaben wirklich traurig.

Niedersächsisch wird auch von immer weniger Menschen gesprochen. Als Schwabe kann man das verstehen. Deswegen werden wir nicht in Depressionen verfallen. Darwin gilt wohl auch bei den Sprachen. Survival of the fittest. Tut uns leid. Aber nicht wirklich. Jütländisch stirbt weg. Auch Limburgisch-Ripuarisch. Von Letzterem wussten wir nicht einmal, dass es diesen Dialekt jemals gab.

Alle zwei Wochen gehe laut der deutschen UNESCO-Kommission in Bonn eine Sprache verloren. So konnte man es im Februar 2011 in der Stuttgarter Zeitung lesen. Da blieb den schwäbischen Zeitungslesern eigentlich nur eine Frage, die mit der Hoffnung verbunden ist, dass es doch bitte bald geschehe: Wann stirbt endlich das Hochdeutsche? Es wird Zeit. Aber ganz bestimmt.

Die beruhigende und freudige Nachricht ganz zum guten Schluss. Das Schwäbische ist nicht vom Aussterben bedroht, vielleicht ist es sogar auf dem Vormarsch. Schwäbisch forever! Schwäbisch statt Esperanto! Wenn bei den French Open im Tennis in ferner Zukunft einmal schwäbisch gezählt werden sollte, dann hätten wir es wohl endgültig geschafft. Mehr geht wirklich nicht.

Schwäbisch ist so viel schöner als Hochdeutsch. Sehr viel ausdrucksstärker. Hat geradezu einen die Seele beruhigenden Klang. Aber diese Wahrheit soll an anderer Stelle erörtert werden. Wir wollen hier nur schreiben und damit zum Ausdruck bringen, dass wir äußerst empfindlich auf sprachliche Verarschung reagieren und ertappte Sprachsünder auch zur Rechenschaft ziehen. Verachtung ist die mildeste aller Sprachstrafen, die sofortige Deportation nach Gütersloh oder ersatzweise lebenslang zum Ballermann auf Mallorca ist schon übler.

Wer uns Schwaben parodiert, muss damit rechnen, dass seine nördlich des Mains gefeierte Bühnenshow vor leeren Rängen stattfindet und die zwei Besucher, die aus Versehen trotzdem gekommen sind, nach der Pause lieber noch auf ein Viertele in die Wirtschaft gehen. Nun gut, Letzteres kann in Stuttgart auch gefeierten Regisseuren im großen Opernhaus passieren. Obwohl, die meisten Schwaben sitzen ihr bezahltes Ticket ab. Das wäre ja noch schöner. Bezahlt ist bezahlt. Aber das ist schon wieder ein ganz anderes Thema.

Der Schwabe ist sicher intolerant gegenüber der Zerstörung der schwäbischen Sprache, aber auch jederzeit hilfsbereit, wenn es heißt, sprachlich die Richtung zu weisen. Als er mit einem Schweizer und einem Berliner gemeinsam in einem Zugabteil sitzt und hört, wie die freundliche Frage des Schweizers »*Sind Sie schou z'Züri gsi?*« auf Berliner Unverständnis trifft, greift er sofort hilfreich ein: »*Er moint gwää!*«

Schwäbisch Intimes

oder der treue Ehemann

Es soll unser ehemaliger Finanzminister Theo Waigel gewesen sein, der einem verdutzten Publikum süffisant erläuterte, wieso man bei sieben übereinandergestapelten Schwaben keinen Unterschied feststellen könne zwischen dem, der ganz oben liegt, und dem, der sich ganz unten mit dem Gewicht der über ihm Liegenden quält: »Da ist der eine genauso verdruckt wie der andere!« So soll es der oberste Euroeinführer der Republik einmal gesagt haben, und er meinte das nach eigener Aussage eher ganzheitlich. Wissen sollte er schon etwas über die Schwaben, eigentlich ist er ja einer. Allerdings einer der problematischen Grenzschwaben, die bekanntlich schon seit früher Kindheit der bayrischen Sprach- und Kulturstrahlung ungeschützt ausgesetzt waren. Bei diesen grenzbewohnenden Bayernschwaben tobt ein innerer Kampf, der den Kopf quasi spaltet und nach einer Grundsatzentscheidung ruft.

Viele entscheiden sich für die bayrische Identität. Es ist einfach so, dass die bayrischen Bierhirnzellen zwar wesentlich weniger analytische Denkfähigkeit besitzen, aber dafür in der innerköpfischen, rein zellenkörperlich dumpfschlägerischen Auseinandersetzung um Gehirnraum deutlich aggressiver und siegesorientierter sind als die trollingerbelasteten, etwas behäbigen und eben vielleicht auch verdruckten schwäbischen Vinoveritasweindenkzellen, aus denen sich die Verteidigungslinien unserer schwäbischen »*Gehirnstückle*« rekrutieren. In den solchermaßen durch innerhirnliche Auseinandersetzungen schwer belasteten Köpfen dieser schwäbischen Bayern geht es zu wie in der Fußball-Bundesliga. Am Ende sind die Bayern vorn. Was ich damit ausdrücken will, ist, dass Theo Waigel den Vollbayern zugerechnet werden sollte. Schon allein wegen seiner Partei. Die Bayernmacherpartei macht alle gleich, gleich bayrisch.

Abgesehen von den oben genannten neurologischen Aspekten darf man sagen, dass anständige Schwaben keine solchen Augenbrauen haben. Daraus kann man ja Vollhaartoupets machen. Wenn man die Waigelbrauen auf einem schwäbischen Quadratschädel querlegen würde, dann wären zwei Waigel völlig ausreichend für einen glatzköpfigen Schwaben, der von vollem Haupthaar träumt.

Hat Theo Waigel nun recht oder nicht? So ganz sicher sind sich die Experten mit der Interpretation dieser ministeriellen Erkenntnis nicht. Was hat der Bayer mit den buschigen Augenbrauen damit gemeint? Sind die Schwaben alle verklemmt? Meint er das? So verklemmt wie die Bayern? Verklemmter als Theo Waigel? Was ist mit »verdruckt« überhaupt gemeint? Ist »verklemmt« nur ein Teilaspekt von »verdruckt«? Die wichtigste Frage wird auch abschließend nicht zu klären sein: Von was hat Theo Waigel mehr Ahnung? Von Euroverklärung oder von Sexualaufklärung? Von Finanzpolitik oder von den Schwaben?

Selbst wenn die Antwort tatsächlich »Schwaben« sein sollte, muss das nicht zwangsläufig heißen, dass er viel Ahnung von den Schwaben hat. Oder ist das zu verdruckt ausgedrückt?

Wahrscheinlich muss er jeden Tag bis zur vollständigen Erschöpfung Riesenslalom fahren, damit er nachts Ruhe gibt. Er kam bestimmt noch nicht in den Genuss einer verdruckten schwäbischen Nulldiät, welche die entkleidete Hausfrau dem schwäbischen Manne mit deutlichen Worten schmackhaft macht: »*Komm no rei, kocht hanna nix, aber guck mol, wie i dolieg!*« Ja, da staunt auch der bayrische Alleserklärer und merkt, dass es vieles gibt, was bei den so allesamt Verdruckten äußerst mysteriös ist.

Versuchen wir also ein bisschen aufzuklären. Nein, nicht die Schwaben. Die wissen Bescheid. Den Rest der Welt samt Theo Waigel müssen wir aufklären über die Schwaben und die ganz heiklen Themen, über die man in Stuttgart und Umgebung nicht so gern öffentlich schwätzt. Über Liebe und Laster, Leidenschaft und Begehren, Sex und Lust, über Erotik und den schwäbischen Orgasmus, so wir ihn denn irgendwo finden.

Im schwabenselbsterklärenden Literaturwerk des großartigen Schriftstellers und äußerst würdigen Ehrenschwaben Thaddäus Troll, der eigentlich Hans Bayer hieß, wurde jeder sexuelle Höhepunkt von einem gepressten »*Sodele, jetzetle*« begleitet, was ehrlich gesagt ja nicht wirklich nach ekstatischer Wollust klingt – und auch nicht nach Thaddäus Troll, eher schon nach Hans Bayer. Vergessen wir natürlich auch nicht, über das schwierigste Thema schlechthin, über das Verhältnis von Mann und Frau im Grundsätzlichen und speziell im Schwäbischen zu sprechen, und schließen wir das Ganze mit dem ehrenwerten Versuch einer gesellschaftskritischen Einordnung des schwäbischen Treuebegriffs. Eines ist so sicher wie das Amen in der Kirche.

Auch im tiefsten Schwabenland kennt man geschlechtliche Interaktionen und redet man über Sex, aber eben eher still und verschlüsselt. Kann man still reden? Die Schwaben schon. Muss man sich beim Sex bewegen? Schwaben anscheinend nicht unbedingt, wenn man die Begründung hört für eines Schwabenmannes Vermutung, dass seine Gattin wohl tot sei: »*Beim Sex han I nix gmerkt, aber in der Küch' sieht's aus!*«

Das heißt, die Schwaben tun so, als ob ihnen Sex gar nicht so wichtig wäre. Dabei sind die Schwäbinnen besonders attraktiv: »*Die schwäbische Mädla send alle schee. Bis auf die wüaschte.*« (wüsten, d. h. hässlichen) Die meisten Männer jenseits der schwäbischen Kulturgrenzen, vor allem zum Norden hin, prahlen doch ganz gern mit der hohen Frequenz ihrer sexuellen Aktivitäten. Die Zahlen, mit denen die Häufigkeit einer erfolgreich abgeschlossenen heterosexuellen Kopulation dokumentiert werden, steigen im Regelfall von Süd nach Nord und klingen in Salzwassernähe schon wesentlich beeindruckender als zum Beispiel auf der Schwäbischen Alb oder hinter Garmisch Partenkirchen, um hier doch auch gleich einmal auf Ähnlichkeiten von Bayern und Schwaben hinzuweisen. (*Gell, Herr Waigel!*)

Während sich der Bayer nach eigener Auskunft im Durchschnitt mit drei gemütlichen Runden pro Woche begnügt, verlangt es den anscheinend stärker der Libido ausgelieferten Niedersachsen schon nach mindestens doppelt so vielen Abwürfen pro Woche. Der echte deutsche Mann muss häufig und oft Sex haben – und der Rest der Welt soll genau wissen, wie oft pro Woche häufig ist.

Der schwäbische Mann sieht die Dinge wesentlich entspannter und würzt die nationale Frequenzdiskussion mit der prägnanten Erläuterung einer ganz anderen Grundhaltung, die aus dem tiefsten Innern schwäbischer Lebenseinstellungen herausgekehrt wird und die Freiheit des Mannes gegenüber der Frau untermauert: »*Also, I griag d'Woch au so rom!*« Der Schwabe erschrickt förmlich, wenn ihn die Gattin im tiefschwarzen Negligé überrascht: »*Isch ebbes mit dr Oma?*« ist da meistens die naheliegende Vermutung.

Der Mann sieht die Grundlagen einer guten Ehe vielleicht eher in anderen Bereichen: »*Ha, die kann fai schaffa*« ist die Krönung aller Komplimente und ein »*Du siasch abr abgschafft aus*« ist für Schwaben ein Lob aus dem Wörterbuch der Fundamentalerotik.

Wenn die liebende Gattin ans Krankenbett eilt, um dabei zu sein, wenn ihr Mann nach einer schweren Operation aus der Narkose erwacht, muss das nicht zwangsläufig bedeuten, dass der frisch Operierte mit dem ersten Satz nach dem Aufwachen nicht doch die Einhaltung der schwäbischen Prioritätenliste anmahnt. »*Ha, sag amol, hasch du nix zom Schaffa?*«

Es ist vordergründig schon so, dass der Schwabe bei einer Frau doch eher die Fähigkeit schätzt, einen gescheiten Kartoffelsalat herstellen zu können, als etwa mögliche Talente in dann auch noch unüberschaubarer Sexualakrobatik. Das gesamtdeutsche Sprichwort »Liebe geht durch den Magen« muss definitiv schwäbische Wurzeln haben. Aber das hatten wir ja bereits vermutet. Die Frau sollte sparen, schaffen, putzen und eben kochen können – und wenn sie es sogar hinbekommt, den Widerspruch zwischen sparsam einkaufen und gutem Essen wegzukochen, dann steht einer guten Ehe eigentlich nichts im Wege. Dies alles ist viel wichtiger als vertiefte Kenntnisse im Kamasutra. Bodenständig nennt man das.

Fast noch wichtiger als der Magen ist bei der schwäbischen Wahl des richtigen Sexualpartners und eventuellen

Heiratskandidaten natürlich das liebe Geld. Ersatzweise im Land der Häuslesbauer auch gerne das Grundbuch: »Liebe vergeht, Hektar besteht.«

Dass diese ein wenig materialistische und so gar nicht romantische Grundhaltung auch nach einem eher unkoordinierten nächtlichen Abenteuer an die Oberfläche treten kann und durchaus auch von Frauen an den Tag gelegt wird, beweist der freudige Jubelruf der erotischen Gespielin nach durchliebter Nacht. Als sie am Morgen das erste Mal die Augen aufschlägt und die Liebesnestausstattung mit schnellem Kennerblick inventurtechnisch erfasst, da bleibt ihr nur noch die bilanzrelevante Frage: »*Gheret dia Meebel alle dir?*« (Gehören die Möbel dir?)

Bei einem positiven Bescheid wären somit die ersten Grundlagen für eine Verlängerung des One-Night-Stands und das Eintreten in eine fruchtbare Ehe gelegt. Das Grundsätzliche muss stimmen, der Rest ergibt sich. Gerade am Ende einer irdischen Schwabenexistenz wird gnadenlos Bilanz gezogen, abgerechnet und manchmal kräftig heimgezahlt. Auge um Auge, Kuh um Kuh: »*Wenn I amol nemme ben, no heiratesch dr Gottfried von näbadro, der hat mi au amol mit nr alte Kuh bschisse!*«

Schwäbische Frauen sind da ganz anders, ruhiger, abgeklärter und legen großen Wert auf Treue. Das zeigt sich bei der Bestattung des Gatten, den die schluchzende Witwe vor dem Sarg am offenen Grab stehend mit bewegenden Worten verabschiedet: »*Jetzt woiß i wenigschtens, wo mai Karle nachts isch.*«

Und trotzdem. Irgendwo gibt es Sex. Auch im Schwabenland. Schon klar, man ist bodenständig und denkt immer nur ans Schaffen, aber was macht man, wenn es mal Freitag wird? Die Schwaben sind innovative Erfinder, aber nicht für alles eignen sich Maschinen. So lag die Gattin eines bekannten Textilfabrikanten ziemlich daneben, als sie ihrer Haushälterin erklärte: »Sie sind entlassen. Heute gibt es für alles Maschinen.« Die Antwort war kühl, spontan und treffend: »Da wird sich Ihr Gatte aber schwer umstellen müssen.«

Keine Angst, die Schwaben erfinden nicht nur innovative Technologien, sondern auch innovative Ausreden und Begründungen. Schaffen und Sex müssen, ja dürfen hier kein Widerspruch sein. Nicht im Schwabenland. Man spricht in solchen Fällen von einem sogenannten »verlängerten Thaddäus-Troll-Business-Höhepunkt«: »*Sodele, jetzetle … no wär des au gschafft!*«

Ein schwäbischer Höhepunkt muss mit Schaffen zu tun haben, und sich der reinen Lust so richtig hinzugeben, bedarf der vorherigen Klärung der finanziellen Konsequenzen. In jeder Hinsicht. Kein schwäbischer Richter wird die Verletzung von Unterhaltspflichten auch nur im Geringsten dulden: »Wer den Hosenladen aufmacht, muss auch den Geldbeutel aufmachen.« Den macht der Schwabe aber höchst ungern auf, selbst wenn nachlassende Manneskraft einen pharmazeutischen Schub gut gebrauchen könnte. »*Für Viagra wird koi Geld ausgäba. Auswärts brauchsch es net ond fir dahoim ischs oifach z'teier.*«

Wenn die Leute hier im Süden wenigstens zugeben würden, dass sie sich für Sex interessieren, dann hätte man dieses Kapitel gleich an den Anfang setzen können. Dann hätten wir gemeinsam ein wenig über Adam und Eva nachgedacht und darüber, was damals im Paradiesgarten passiert und so saublöd schiefgegangen ist. Weil dort vor ganz schön vielen Jahren die Dinge einmal kurz aus dem Ruder gelaufen sind, haben wir heute diese ganzen Probleme mit Eifersucht, Nudelhölzern, Vorwürfen und granatenmäßig schlechtem Gewissen. Der wichtigste Grund für Scheidungen wurde im Paradies erfunden oder gemacht, vielleicht auch nur ausgegraben, aber auf jeden Fall mit Namen versehen: die Sünde! Ist das wirklich wahr? In fast jeder zweiten Schlagerzeile wird das Gegenteil geradezu euphorisch deklamiert: »Kann denn Liebe Sünde sein?« Nein, um Gottes willen, aber, wie sagt man auf Schwäbisch so schön? Mit *»dr Falsche romnagle no scho«*. (Sexuelle Aktivitäten mit einer falschen Frau.)

Der Vollständigkeit halber muss man aber zur Ehrenrettung von Adam sagen, dass Eva ja wohl die einzige Frau im ganzen Garten war. Dass vor allem Männer bei dieser Art Notstand leicht in die Unzurechnungsfähigkeit abgleiten, ist nun sicherlich kein schwäbisches Phänomen. Und dass der mit einem gesunden Sexualtrieb ausgestattete Mann oftmals einfach nimmt, was gerade da ist und bei drei nicht auf den Bäumen sitzt, ist sicherlich mit eingeschränkter Hirnleistung zu erklären und wäre vielleicht in diesen Tagen eine diskussionswürdige Gemeinsamkeit von protestantischen Schwaben und zölibatären katholischen Priestern. Wie sagten schon Crosby, Stills, Nash and Young: »If you can't be with the one you love, love the one you're with!« Ob sie damit die unerträglichen Zustände in mancher Kirchenecke meinten, darf man aber mit Fug und Recht bezweifeln.

Schwäbische Frauen haben eine gesunde Einstellung zum anderen Geschlecht. Die gnadenlose Realität der niederen Mannesinstinkte hat tiefe Erkenntnisspuren in den empfindlichen Wahrnehmungsapparat der schwäbischen Damen einzementiert: *»D'Männer send alle gleich. Dia sehat bloß onterschiedlich aus, damit ma se auseinanderhalten kann.«*

Für Adam und Eva gibt es auch keine Verjährung, eher das Gegenteil, noch Tausende von Jahren nach der Erschaffung der Welt durch den lieben Gott werden wir für ein bisschen Apfelschnitz gnadenlos abgestraft. Wenn das nicht Sippenhaft ist. Dabei sollen Äpfel doch so gesund sein und rote Backen machen. »*An apple a day keeps the doctor away!*« Was kann daran schon falsch sein? Und dann haut's einen wegen dem bisschen Biss in einen Apfel aus dem Paradies hinaus, wo man doch dachte, man hätte es soeben gefunden. Wenn die Chinesen von Paradiespforte sprechen, meinen die bestimmt keinen botanischen Garten und schon gar keine Parkanlage mit pietistischen Verhaltensvorgaben. Eher doch »*a Gartetörle mit a bissle Gschdrüpp davor*«. Gut, die Mode befreit auch in China das Gartentor allmählich von den Ranken. So ist es halt. Die chinesische Sexualmoral bleibt dem Schwaben aber trotzdem äußerst suspekt. Diese sündenlosen Dauersündiger, diese unchristlichen sexualratgeberischen Turnakrobaten, diese ungebremsten Lustmolche. Ist doch aber auch wahr! Oder doch nicht? Klingt da etwa schwäbisch-europäischer Neid heraus auf die etwas andere Gedankenstruktur der Asiaten?

In Asien gibt es den Sündenfall nicht, dadurch verändern sich eben die Betrachtungsparameter. Doch auch Schwaben schauen auf ihre Potenz. Ich durfte eine Gruppe Pforzheimer Unternehmer in eine chinesische Apotheke in Singapur begleiten. Viagra ist auch dort nicht billig – und man war ja auswärts. Nach vielen Erklärungen kauften sie dann doch all die Wundermittel in Form von Pillen, Cremes und Sprays.

Als ich die Herren Wochen später bei einem gemeinsamen Abendessen traf, wurde mir von einem der selbst ernannten Pforzheimer Potenzmitteltester erzählt, dass das alles nicht geholfen hätte. Wo er doch die Hoffnung hatte, durch keine Tür mehr durchzupassen. Seiner Gattin waren die blumigen Ausführungen sichtlich peinlich, aber noch mehr war sie sauer auf ihren Mann, und so gab es kein Halten mehr: »*Du Granadabachl, du depperter, i han dr gsagt, halt dai Gosch, aber wenn des erzeehlsch, no richtig. Erschd muss i nackert uffs Bett noliega, no holt ers Schbräy, no kann er nix läsa, no muss i d'Brill hola und no au no dr Langenscheidt, ond bei dem ganza Heckmeck schwätzt der no von Ärottig, der allmächtige Dackl, der bleede!*« (Lieber potenzforschender Gatte, bitte die Faktenlage beachten. Mit Langenscheidt, Lesebrille und nicht zu verstehenden Beipackzetteln von obskuren Mittelchen ist das Aufkommen erotischer Stimmung nicht drin!)

Die Schwaben leiden besonders unter dem unentschuldbaren Fehlverhalten von Adam und Eva. Dass man seit der Vertreibung aus dem Paradies unter den gütigen Augen des lieben Herrgottes nicht mehr nackt durch diese verdorbene Welt laufen darf, sei geschenkt. Das stört die Schwaben wirklich nicht besonders. Erstens, weil der Schwabe der festen Überzeugung ist, dass er nicht jedes Körperdesaster auch noch nackt sehen muss, und zweitens, weil es auf der schwäbischen Alb im Winter so wahnsinnig kalt werden kann, dass der Schwabe gern von einer »*jesesmäßiga Saukälte*« spricht und dabei große Angst hat, dass er sich selbst mit einer richtig dicken dreiviertellangen Unterhose »was« abfrieren könnte. Diese Urangst um den Erhalt und die Funktionsfähigkeit des »*Schwänzles*« zeigt, ja beweist uns, dass der Schwabe dieses Körperteil auch einsetzt. Der zahlenmäßige Erhalt der schwäbischen Bevölkerungsgröße wiederum ist ein klares Indiz dafür, dass der männliche Schwabe seinen Körpermittelpunkt nicht nur »*zom bronza und Rolle macha*« (für »klein«) verwendet. Nur gilt für Sex das Gleiche wie für's Geld. Man redet nicht so gern darüber. Trotzdem hört man gewisse Geschichten immer wieder. Das nachfolgende Bahnsteiggespräch eines jungen Paares klingt zwar ein wenig, wenn nicht sogar sehr platt, ist aber legendär und steht für all die möglichen und unmöglichen Deutungsvarianten des Schwäbischen. Man kann es manchmal hören, wenn man indiskret bei einem schwäbischen Liebespärchen lauscht und sie mit Tränen in den Augen sagen hört: »Scheide tut weh.«

Seine liebevolle Antwort kommt in der Regel aus tiefstem Herzen mit einem großen Seufzer: »*Es Schwänzle abr au.*«

Solch jungverliebte Paare fragen an Bahnsteigen nicht die Fragen aller Fragen, erst später will jede Frau wissen, ob ihr Mann auch treu ist. Das ist im Schwabenland nicht anders. Und wie hält es der Schwabe mit der Treue? Er bestätigt ganz selbstverständlich die ungeheure Wichtigkeit der Treue in der Ehe: »*Mainer Frau ben i treu ond nur bei dr andere wechsle i hald so ab.*«

Gerade in eklatanten Sündenfällen ist der Schwabe eher lakonisch, begnügt sich mit wenigen Worten. Selbst bei schwerwiegenden Vorwürfen:

»*Du, se saget, s' Pfunderers Aschtrid dät a Kend kriage.*«
»*Dees isch ihr Sach!*«
»*Se saget aber, dees Kend sei von dir.*«
»*Dees isch mei Sach!*«
»*Wenn dees wohr isch, gang e en de Necker.*«
»*Dees isch dei Sach!*«

(Man sagt, Fräulein Astrid Pfuderer wäre schwanger.
Das ist ihre Sache!
Es wird behauptet, das Kind wäre von dir.
Das ist meine Sache!
Wenn du mich betrogen hast, ertränke ich mich im Neckar.
Das ist deine Sache!)

Schwäbisch Meisterliches #2

Die Leonberger Kartoffelsalatsucht

Nicht schwätzen, einfach machen« ist die Devise des Mannes, der mit seinem Kartoffelsalat hungrige Schwaben glücklich macht und Frauen dazu bewegt, mit verzücktem Augenaufschlag um eine Privataudienz zu bitten, bei der sie die geheimen Zutaten und Kniffe des großen Meisters der Kartoffelscheibenveredelung kennenlernen wollen. An irgendetwas muss es ja liegen, dass der eigene Kartoffelsalat schon farblich eine graue Maus ist und geschmacklich erst recht, sein Kartoffelsalat dagegen mit einer fast unglaublichen Konstanz immer so himmlisch schmeckt, dass von so manchem braven Kartoffelkatholiken eine Seligsprechung noch zu Lebzeiten durchaus in Betracht gezogen wird.

Nur die doch etwas eigenwilligen Verhaltensweisen mancher Kartoffelsalatsüchtigen in der Öffentlichkeit verhindern weitere Bemühungen in dieser Richtung. Hinter vorgehaltener Hand hört man immer wieder, der anerkanntermaßen gute Koch sei aber auf der anderen Seite ja doch indirekt der Verursacher einer verheerenden und kaum noch zu therapierenden Psychose. Schließlich sei es sein Kartoffelsalat, der die Menschen süchtig mache.

Klaus Bertleff betreibt das urschwäbische Wirtshaus am Ezach zusammen mit seiner Tochter Diana seit 17 Jahren. Von außen eher Kapelle als Kathedrale, von innen auch. Das unscheinbare Restaurant befindet sich in meiner unscheinbaren Heimatstadt Leonberg. Würde ich nicht dort wohnen, wäre der Schwabenteller vom Ezach mit einer Extraportion Kartoffelsalat ein guter Grund, sich selbst aus den entferntesten Regionen der Welt auf den Weg nach Leonberg zu machen. Ich sage mit bewusster Klarheit, dass dieser Kartoffelsalat ein Grund wäre, aber ich suche selbstverständlich mit Optimismus und fröhlichem Herzen jeden Tag weiter nach anderen Gründen. Das bin ich meiner Heimatstadt schon schuldig. Ich wohne eigentlich sehr gerne in Leonberg, nur würde ich auch zu gern wissen, warum?

Seit wir die Teile der Stadt wegsprengen, die nicht von Norman Foster geplant wurden und uns rein architektonisch gesehen ziemlich peinlich sind, haben wir erstens Angst um unser Neues Rathaus und zweitens viel Platz und einen Riesensandkasten mitten in der Stadt. Klingt spannend und toll, ist aber aufgrund des Spielverbots doch eher langweilig. Der Pomeranzengarten gegenüber des Sandkastens soll weltberühmt sein. Unter Pomeranzologen vielleicht. Bei den jährlichen Open-Air-Lesungen wird er für ein paar Sommerabendstunden richtig lebendig, aber was ist dort in den 360 Tagen dazwischen los? Der traditionelle Pferdemarkt im Februar? Gut für Wissenschaftler, die herausfinden wollen, ab welcher Saukälte dampfende Pferdehaufen zu Eisrossbollen gefrieren. Aber sonst?

Ich sage auf jeden Fall Bescheid, wenn ich plötzlich etwas entdecken sollte, das wir noch im Weltkulturerbe unterbringen könnten oder als zweite Wahl im »A thousand places to see before you die!«-Büchlein. Manche meinen, das Hauerloch im Höfinger Tal wäre eine Besonderheit. Ein Loch im Fels, das Kindern als gefährliches Kletterziel diente und deshalb mit einem Metallgitter verschlossen wurde? Ohne irgendwelche prähistorischen Faustkeile oder wenigstens ein Skelett, wenn schon nicht von einem Neandertaler, dann wenigstens von einem Bären. Bärenloch statt Bärenhöhle. Wie der Bär dort raufgekommen sein soll? Weiß ich doch nicht, aber vielleicht ist das die rätselhafte Frage, die alles historisch aufregend machen würde. »Leonberg, die Stadt des sagenumwobenen Felslochbären.«

Aber vielleicht macht ja gerade das den Charme unseres kleinen Schwabenstädtchens aus. Uninteressant für Pauschaltourismus. Man hat seine Ruhe. Wer will schon in Rüdesheim in der Drosselgasse wohnen? Oder in München gegenüber dem Hofbräuhaus? Ich nicht! Da wohne ich doch viel lieber gegenüber von Obi und erfreue mich für lange Zeit an der gewagten Farbgebung. Andere mochten es weniger, man bat den Baumarktriesen gerichtlich um eine dezentere Außenfarbe – und siehe da, Obi wurde blasser. Man kümmert sich hier noch um die Leiden der Bürger. Da bin ich doch gern Leonberger.

Und dann noch der große Spezialvorteil: Man hat es nicht sehr weit zum besten Kartoffelsalat der Welt. Wenn man denn im ständig ausgebuchten Wirtshaus überhaupt einen Tisch bekommt. Die täglich wechselnde überschaubare Speisekarte von Klaus Bertleff bietet sehr gute, bodenständige schwäbische Küche, alles wird frisch zubereitet, die Zutaten stammen aus der Region.

Seine Fleischküchle sind nahezu legendär. Er macht kein großes Geheimnis aus den Zutaten und gibt auch bereitwillig Rezept und wichtige Ratschläge weiter, nicht ohne jedoch darauf hinzuweisen, dass ihn die Bezeichnungen »Frikadelle« und »Bulette« für seine schwäbischen Fleischküchle ärgern, besser gesagt eigentlich fast schon »*greiznarret*« machen: »*Des senn Flaischküchle ond koine Buletten, basta!*«

Man ist fast versucht hinzuzufügen: »Und hier ist Leonberg und nicht Berlin! Und das ist auch gut so!«

Die Zutaten sind einfach und überschaubar. Ganz frisches gemischtes Hackfleisch von einem guten Metzger, Eier, Petersilie, Zwiebeln, Salz, Pfeffer, Senf und etwas Majoran. Eingeweichte Wecken nicht zu vergessen, verbunden mit dem Ratschlag des Meisters als vorsichtige Warnung: »Nicht zu viel Brot, *net dass' hoißt, ›eure Fleischküchle könntet au vom Bäcker sai‹.*«

Sein himmlischer Kartoffelsalat aber macht die kleine Wirtschaft vollends zu etwas ganz Besonderem, zu einer Pilgerstätte aller Freunde dieses schwäbischen Lebenselixiers. Pilgert man weltweit im Regelfall immer mit gefüllten Opferschalen zu Tempeln und Kirchen, so kommen die Bertleff'schen Jünger mit leeren Schüsseln aller Größen, Formen und Materialien zu ihrem Wallfahrtsort, um sich diese hier mit der göttlichen Kartoffelspeise füllen zu lassen. Das leere Gefäß wandert in die Küche, und als Restaurantgast ist es schon ein vorspeislicher Hochgenuss zu erleben, wie sich der Gesichtsausdruck des Empfängers beim Anblick seiner vollen Schüssel zuerst selig verklärt und dann in ein pralles Strahlen voll euphorischer Vorfreude mündet. Der übermächtige Speichelfluss kann in diesem Moment beginnender Ekstase kaum noch gesteuert werden, Pawlow hätte an diesen nobelpreiswürdigen Reflexen seine wahre Freude gehabt.

Wenn man aber als Restaurantgast ausreichend Gemeinheitsbereitschaft besitzt und das Glück hat, an einem Tisch in der Nähe der ungeduldig wartenden Kartoffelsalatfans zu sitzen, kann man die unruhig und hungrig Wartenden noch ein wenig mehr peinigen, in dem man sich aufreizend langsam eine übervolle Gabel Kartoffelsalat nahezu lasziv in den Mund schiebt. Es ist schon so: Kartoffelsalat essen kann sehr wohl erotische Züge haben.

Man lässt die Lippen beim Salatverteilen im Mund ein klein wenig geöffnet, wodurch der nebenstehend wartende Kartoffelsalatwallfahrer außer den ganz unterschwelligen und vollkommen akzeptablen leichten Schmatzgeräuschen auch noch das tiefe Durchatmen des glücklich Speisenden vernimmt, das mit der Zeit in ein erfülltes Stöhnen übergeht. Zum Abschluss der fiesen Provokation eines hungrig wartenden Schwaben geben wir mit kartoffelsalatvollem Mund einen einschätzenden Kurzkommentar und entsprechende Benotungen ab: »*Au, isch der hait amol wiedr oberlegger. Subbr. Do wirsch verrickt, so guat schmeckt der. Där griagt heut mol wiedr a glatte eins, gell? Ond des isch ogloga no zwenig, die Note, die der Salat verdient, awa, die gibt's gar net! Des muss abr wohr sai.*«

Der Blick des Abholers auf den Tisch seiner Peiniger und direkt auf deren ölig glänzende Lippen wirkt in einem solchen Moment schon böse, übel böse, aber Sekunden später – vom Hunger und der Gier getrieben – schon fast ein wenig unterwürfig. Wie ein Hund mit treuen Augen bettelnd und auf einen Wurfhappen hoffend.

Just in dem Moment, in dem man es durchaus für möglich hält, dass sich der vermeintliche Täter auf unseren Kartoffelsalat stürzen könnte, da reicht Klaus Bertleff seiner Tochter Diana den bestellten Kartoffelsalat aus der Küche heraus. Mit der vollen Schüssel in der Hand läuft das Wasser im Mund des Empfängers zu niagarafallähnlichen Strömen zusammen. Weihevoll wie einer katholischen Liturgie folgend wird die Schüssel nach draußen gebracht.

Im Fahrzeug wird der Kartoffelsalat vorsichtig positioniert und gesichert. Apropos gesichert, der Abholer hat in der Regel auch noch einen Löffel dabei, um vor Antritt der Rückfahrt sicherheitshalber einen mehrlöffeligen Qualitätstest vorzunehmen und die geschmackliche und konsistenzliche Göttlichkeit des Salats zu überprüfen. Es soll auch immer wieder vorkommen, dass man irgendwo in Leonberg in dunklen Parkbuchten Fahrzeuge mit eingeschalteter Warnblinkanlage sieht, deren Fahrer löffelnd über eine große Schüssel gebeugt die Umwelt nicht mehr wahrnehmen und bei der polizeilichen Kontrolle mit kartoffelsalatgefülltem Mund zu Protokoll geben, sie könnten nicht nach Hause fahren, weil dort alle vom Salat haben wollten. Ob die Beamten sie nicht in Schutzhaft nehmen könnten?

Mit der ungewöhnlichen Antwort, dass dies bei einer bestimmten Bedrohungskonstellation schon machbar wäre, geht ein fast lüsterner Blick der Beamten einher, natürlich in Richtung des restlichen Kartoffelsalats.

Manchmal hört man mitten in Leonberg die Schreie der armen Kreaturen, die kartoffelsalatenteignet in einer Ausnüchterungszelle eingesperrt sind und deren einziges Vergehen darin bestand, dass sie ihre volle Schüssel einfach mit niemandem teilen wollten. Was im Übrigen die Gäste im Restaurant auch ungern tun. Regelmäßig hört man auch hier spitze Schreie, wenn der eine dem anderen die Gabel in den Handrücken gestochen hat. Was sagt der eine dann? »Der andere wollte mir meinen Kartoffelsalat klauen!«

Die meisten Gäste seines Restaurants verlangen deshalb auch nach Zusatzportionen des himmlischen Salats. »*I brauch main Kartoffelsalat*« ersetzt den höflichen Abendgruß, und das Schlimmste, was seiner Tochter Diana im Service passieren kann, ist, dass sie einem spät kommenden Stammgast mitteilen muss, dass der geliebte Kartoffelsalat aus ist. Dieser wird nämlich jeden Tag frisch zubereitet und noch am Abend entsorgt, falls es doch einmal vorkommt, dass etwas übrig bleibt.

Klaus Bertleff verwendet rohe gesalzene Zwiebeln im Salat, und die will er am nächsten Tag nicht mehr anbieten: »Früher hätte man den Rest am nächsten Tag als Grundlage für saure Kartoffelrädle verwendet, aber heute würde ich das nur noch aus frischen Kartoffeln machen.«

Er wird immer wieder gebeten, Kochkurse oder wenigstens Kartoffelsalatseminare anzubieten, was er aber ablehnt: »Da darf man doch kein Problem draus machen. Wir sind auch nicht im Philosophieseminar.«

Man muss schlicht die richtigen Kartoffeln in der Schale kochen und das Wichtigste beachten, was Bertleff jeder Kartoffelsalatmeisteraspirantin mit auf den

Weg in die eigene Küche gibt: »*Oifach macha!*« Er lächelt dabei allerdings leicht verschmitzt, als wolle er uns auch sagen: »*Des kansch oder au net, do hilft au koin Kurs!*«

Wirtshaus am Ezach
Gebersheimer Straße 1
71229 Leonberg
Tel.: 0 71 52 / 4 72 15 oder 4 94 94

Schwäbisch Fortgehendes

oder der Bäumeschneider

Die Deutschen sind Reiseweltmeister. Das wird so oft behauptet, dass man es einfach glauben sollte. Man darf trotzdem wenigstens vermuten, dass all die Japaner in der Drosselgasse zu Rüdesheim und im Münchner Hofbräuhaus ein wirklich hochanständiger, tapferer, wenn auch verschlitzter Versuch sind, diesen Wettbewerb mit asiatischem Gleichmut und lächelnder Entschlossenheit langfristig doch noch für das Land der aufgehenden Sonne zu entscheiden. Bis das allerdings geschafft ist, bleibt uns in Deutschland der Stolz auf den inoffiziellen Weltmeistertitel im »Durch-die-Gegend-Reisen« und die spannende nationale Frage, welcher Volksstamm beziehungsweise welches Bundesland denn eigentlich die meisten Auslandsreisenden in Flugzeuge packt und somit die Speerspitze des teutonischen Urlaubskommandos bildet. Wer also ist der nationale deutsche Reisemeister?

Bei der schwierigen Suche wird man feststellen, dass es wohl hierzulande nur eine Volksgruppe gibt, bei der die sprachliche Aufforderung zum Aufbruch im alltäglichen Sprachgebrauch derart häufig verwendet wird, dass der grundsätzliche Wille zum Reisen in fast allen normalen Lebenssituationen vorhanden zu sein scheint. Im Schwäbischen erfährt der kategorische Imperativ des Immanuel Kant eine tief greifende Veränderung, genauer gesagt eine Bedeutungserweiterung, die auf das globale, kosmopolitische und über den Tellerrand hinausschauende Weltdenken der Schwaben zurückgeführt werden kann, das ganz auf die großen Zusammenhänge des menschlichen Daseins ausgerichtet und konzentriert ist. Noch genauer gesagt geht es natürlich nicht so sehr um das Dasein als um das Wegsein. In der schwäbischen Interpretation des Reiseimperativs wird Immanuel Kant fast zum Kleingeist.

Egal ob in einem Moment größter, durchaus positiver Überraschung oder bei heftigem Ärger, gerne auch bei klarer Ablehnung eines politischen Standpunkts formuliert der Schwabe und natürlich ersatzweise auch die Schwäbin den kurzen und ganz eindeutigen Satz: »*Gang mr fort!*«

Die Bedeutung dieser Aussage sollte auch Nichtschwaben geläufig sein: »Geh mir aus den Augen, geh fort oder, etwas aufwendiger interpretiert, geh weg, reise weit weg und komm' erst wieder, wenn du gescheit geworden bist.« Das ist doch eine klare, unmissverständliche, wenn auch etwas verklausulierte und archaische Aufforderung zur Buchung einer Studienreise und könnte in der ebenfalls populären Kurzform jedem anspruchsvollen Reiseveranstalters als Katalogüberschrift dienen: »*Gang fort.*«

Es liegen keine wirklich verlässlichen Zahlen vor. Wie denn auch, wenn doch die vermutete süddeutsche Volksgruppe, also der Titelfavorit, Geld zum einen höchst ungern ausgibt, also das mühsam Verdiente lieber spart, und zum anderen, wenn es denn schon sein muss, das Geld bevorzugt heimlich ausgibt und hofft, dass es niemand in der Nachbarschaft bemerkt.

Auf die Standardfrage von der anderen Seite des Gartenzauns: »*Waret ihr fort?*« gibt es eine ebenso allgemeingültige Schmalantwort der nichts verratenden Art: »*Aber nur ganz kurz! Nix Großes!*«

Diese Antwort bekommt man immer, ob nach einem Sonthofener Wochenende in einer preiswerten Frühstückspension oder eben auch nach einer zwölfwöchigen Luxuskreuzfahrt einmal rund um die Welt. »*So semmer halt.*« Wenn man Glück hat mit dem für Schwaben so wichtigen Zusatz: »*Es war halt au a subbergünschdigs Angebot. Billiger griagsch des nirgends. Des muasch macha!*« Darüber hinausgehende Rückfragen kann man sich eigentlich schenken, denn man bekommt selbst vom allerbesten Nachbarn ab diesem Moment nur noch vernebelnde Allgemeinplätze.

Die bohrende Nachfrage »*Ja, wo waret ihr denn jetzt eigentlich?*« mündet in einem im Regelfall nicht sehr informativen, dafür aber höchst wirren Gebrabbel: »*Du, irgendwo, wo's wärmer war ond zemlich breiswärt. I müsst jetzt glatt mai Frau froga, wie des ghoißa hat, aber die liegt grad in der Badwann.*«

Deswegen oder trotzdem, wie auch immer, es sind mit ziemlicher Sicherheit die Schwaben, die den höchsten Anteil am Urlaubsaufkommen der Deutschen außerhalb unserer Staatsgrenzen haben. Nur ob die Schwaben das immer Urlaub nennen wollen, sei einmal dahingestellt. Halten wir den Schwaben zu seiner eigenen Beruhigung sicherheitshalber vorläufig auch fern vom schaffensfreien Begriff »Urlaub«, lassen wir ihn einfach reisen, am besten geschäftlich, und wenn das nicht geht, dann aus Studienzwecken und, wie schon erwähnt, auf jeden Fall so heimlich wie nur möglich.

Viele Schwaben reisen auch zufällig, es hat sich halt so ergeben. Quasi aus Versehen. Man wollte eigentlich gar nicht, aber aus Höflichkeit gegenüber irgendeinem, der eingeladen hat, geht man eben doch mit. Schwäbische Wirtschaftsverbände laden zum Beispiel sehr gern in die ganze Welt ein. Gegen Rechnung und Bezahlung. Überhaupt nicht billig, aber man bekommt eine Einladung und die ist gut für die Rechtfertigung des Reisevorhabens: »*Mir wolltet eigentlich gar net, aber du kannsch ja au net als oinzige noi saga. No fährsch halt mit!*«

Das wiederum ergab beim vielleicht populärsten baden-württembergischen Ministerpräsidenten aller Zeiten die Notwendigkeit zum Rücktritt. Erst wusste er im aufrichtigen Bemühen, neue und attraktive Märkte für die baden-württembergische Industrie zu erobern, irgendwann nicht mehr so genau, in welchem Flugzeug er auf wessen Kosten seiner aufopferungsvollen Herausforderung gerecht wurde, dann segelte er aus Versehen durch die Karibik, vergaß dabei unglücklicherweise irgendwie das Bezahlen und fiel damit vollends gehörig auf die Nase. Warum er deswegen zurückgetreten ist, verstehen trotzdem viele bis heute nicht. Er hat doch nur gespart – und das fällt im Schwabenland in der Regel nicht in die Kategorie eines bösartigen Fehlverhaltens. Lothar Späth hat der Rücktritt nicht geschadet, für das schwäbische »*Cleverle*« war das der Startschuss zu einigen anderen und wohl auch besser bezahlten beruflichen Tätigkeiten. Aber dies ist nun wirklich ein anderes Thema.

Es geht hier einzig und allein um die Reise- und die Abenteuerlust der Schwaben. Da gibt es natürlich auch die Gruppierungen, die tatsächlich aus beruflichen Gründen unterwegs sind. So zum Beispiel Reiseleiter oder Schiffslektoren, die eigentlich die ehrenvolle Aufgabe haben, den mitreisenden Gästen die Besonderheiten eines besuchten Landes zu erläutern und dessen korrekte Einordnung in ein verstehbares Weltbild vorzunehmen. Und das ist aber noch lange nicht alles. Sie sollen dann auch noch ganz nebenbei schlechte Hotels besser machen, Choleriker psychoanalytisch betreuen und natürlich auf Anhieb sofort jede Toilette finden, die man schnell mal braucht. Und übersetzen sollen sie, wenn es hart kommt, vollkommen unverständliches schwäbisches Englisch, in der Dolmetscherwelt »*Schwänglisch*« genannt, in international verstehbares Englisch. Gar nicht so einfach.

Die meisten kunsthistorischen Vorträge halten sie in der stechenden Sonne, was auch bei schwäbischen Reiseleitern verdunkelnde Auswirkungen auf ihre Hautfarbe hat. Die Anerkennung ihres schwierigen Berufs, der oft bis zur vollkommenen Selbstaufgabe führt, bleibt ihnen aber gerade im Schwabenland komplett versagt. Harmlos naiv ist noch die oft gestellte Frage: »Was machen Sie eigentlich beruflich?« Das besorgt geäußerte »Warum machen Sie eigentlich nichts Anständiges?« steckt man auch noch weg, ebenso das Erforschen der finanziellen Rahmenbedingungen reiseleiterischer Tätigkeiten: »Kriegen Sie eigentlich Geld dafür?«

Bringt der reisende Schwabe mit der arglosen Frage »Haben Sie eigentlich eine Wohnung?« noch seine Sorge zum Ausdruck, dass der ihn rundum versorgende Reiseleiter während seiner reiseleitungsfreien Heimatzeiten unter irgendwelchen zugigen Brücken campieren könnte, gipfelt die Krönung aller schwäbischen Fragestellungen rund um das Anzweifeln der schaffenden Ernsthaftigkeit des Reiseleiterberufes in einer ultimativen Feststellung, die kein Fragezeichen mehr verträgt und selbst den härtesten aller schwäbischen Reiseleiter aus den abgetragenen Stiefeln haut: »*Ha, vom Schaffa isch der au net so braun!*«

Nebenbei gesagt, aber nicht unwichtig: Man reist nicht im Schwabenland, man verreist! Man tut dies mit frohem Mut und großem Optimismus, der ja die Schwaben in allen noch so prekären Lebenssituationen auszeichnet. Depressionen sind für die Schwaben ein nordrhein-westfälischer Virus, jedenfalls vermuten sie das. Sorgenbeladene Zweifel gehören an die Küste von Nord- oder Ostsee, für so ein Problemgeschwätz muss der Schwabe viel zu viel schaffen, da bleibt keine Zeit für Sorgen und Bedenken. Psychotherapeuten sind etwas für eingewanderte Hausfrauen aus Flensburg oder so, die an der zufriedenstellenden Anfertigung eines schwäbischen Kartoffelsalats oder den nachfolgenden Kommentaren von Gatte und Schwiegereltern zu zerbrechen drohen. Die Schwaben brauchen so ein neumodisches Zeug nicht und sind grundsätzlich optimistisch. Das kann so weit gehen, dass der alte Freund und Viertelesmitschlotzer seinem verstorbenen Stammtischkameraden beim Blick auf dessen Sarg am offenen Grab hinterherruft: »*Karle, bleib gsond!*«

Dieser schwäbische Optimismus hilft auch beim Reisen in gar zu fremde Länder. Mit einer derartig grenzenlosen Zuversicht ausgestattet, geht der verreisende Schwabe natürlich auch ganz selbstverständlich davon aus, dass man überall in der Welt seine Sprache versteht. Es wundert ihn in keinster Weise, wenn er auch an den entferntesten Ecken dieser Welt in perfektem Schwäbisch angesprochen wird.

Als ein kleiner kommunaler Regierungsrat in den sechziger Jahren die Ehre hatte, eine Stuttgarter Regierungsdelegation in die USA begleiten zu dürfen und dort sogar an einem Besuchstermin im Weißen Haus teilnehmen konnte, da bruddelte dieser schwäbische Provinzpolitiker äußerst ablehnend, als sich der leibhaftige Präsident der Vereinigten Staaten von Amerika zu ihm hinüberbeugte und sich persönlich vorstellen wollte: »Kennedy«

Die Antwort des Schwaben war, um es gleich einmal schwäbisch auszudrücken »*a bissle grantig*«, hochdeutsch formuliert war seine Erwiderung kurz, klar, offen, ganz ehrlich, aber auch ein wenig undiplomatisch: »*Also i glaub net!*«

Es gibt ja bekanntlich den äußerst prägnanten, von den Schwaben sich selbst zugelegten Spruch: »Wir können alles, außer Hochdeutsch!« Damit ist aber vom Grundsatz her nur gemeint, dass der Schwabe als solcher trotz einer gewissen Fremdsprachenbegabung das Erlernen eines weiteren deutschen Dialekts schlicht verweigert. Wieso sollte er auch, er hat den schönsten Dialekt der ganzen Welt schon mit der Muttermilch aufgenommen. Und auch Hochdeutsch ist ja nichts anderes als ein Dialekt, dazu noch ein grauslicher.

Der Schwabe hat aber in der Regel ein gutes Fundament an fremdsprachlichen Kenntnissen, das komplette Wegschmirgeln des englischen »th« wird als untragisch erachtet, denn der Engländer kapituliert grammatikalisch und aussprachlich schon bei der wirklich einfachen Übersetzung für »*stones*«! Dabei ist »*Schdoiner*« nun wirklich kein schwieriges Wort.

Warum sich die englischsprachige Welt so schwer damit tut, unser energiekommissarliches »*We are all sitting in one boat*« richtig zu verstehen, können wir Schwaben nur schwer nachvollziehen und stellen lapidar oettingerisch klar, dass wir übersetzungstechnisch so nicht weiter verfahren werden, denn »*it all hangs tugedder*«, und wenn wir das in Europa nicht begreifen, dann können und müssen wir leider feststellen: »*Now we have the salad.*« Und damit meinen wir nicht das Mittagessen.

Bei den Problemen rund um den Neubau des Stuttgarter Bahnhofs beweist unser ehemaliger Ministerpräsident mit seiner ausweichenden Antwort, dass nicht nur sein diplomatisches Geschick mit jedem europäischen Tag zunimmt, sondern auch seine englische Sprachreife enorm gewachsen ist: »*I only understand train station!*«

Die betroffenen Schwaben sehen die Geschehnisse um Stuttgart 21 eher drastisch, »*die Katz isch dr Bach na!*« (das Kind ist schon in den Brunnen gefallen), und glauben nicht mehr unbedingt an eine vernünftige Lösung, die alle zufriedenstellt. Herr Oettinger wird es seinen europäischen Kollegen bestimmt genauestens erläutern: »*The cat floated down the river!*« Da kannsch nix mache. Wir warten im Schwabenland jetzt nur noch darauf, dass uns Tierschutzorganisationen eine europäische Untersuchungskommission an die Ufer unserer heimatlichen Flüsse schicken, um alle »*floatenden*« Katzen aus Neckar und Rems zu retten.

Das beeindruckende Turboaufnahmevermögen der Schwaben auch für fremdeste Fremdsprachen wurde bereits vor über hundert Jahren von den anderen deutschen Volksgruppen neidlos anerkannt. Die preußischen Soldatenkameraden waren schon anno dazumal während der Verteidigung deutscher Interessen beim Boxeraufstand in China schwer beeindruckt von der sprachlichen Flexibilität ihrer schwäbischen Mitkämpfer. Als die bunt gemischte Truppe am ersten Morgen in China erwacht und ein früh aufstehender Schwabe die Fensterläden aufmacht, ruft er seinem schwäbischen Bettnachbarn zu: »*Du Karle, stand au uff ond guck naus, d'sonn schaint schau schee!*« (Lieber Karl, wenn du aufstehen und einen Blick hinaus wagen würdest, dann würde dir auffallen, dass die Sonne schon hell scheint!)

Die ebenfalls im Schlafsaal liegenden Preußen waren zutiefst beeindruckt: »Verdammt, diese Schwaben sind doch unglaublich. Da sind sie erst eine Nacht in China und reden schon perfekt chinesisch.«

Nur damit wir alle ganz sicher sind. Das mit der Verteidigung deutscher Interessen ist ironisch gemeint. Bitte! Die meisten von uns wissen ja gar nicht, wo wir Deutschen schon überall unsere Interessen hatten, und je weiter weg von der schwäbischen Alb diese so herumlagen, desto ungemütlicher war es für den Gastgeber und unsere Interessenvertreter. Wir sollten vorsichtig sein mit der Verteidigung derselben, vor allem auswärts.

Da reisen die Schwaben doch lieber als interessierte Gäste in fremde Länder, auch wenn ihnen manches gerade in den internationalen Übernachtungsherbergen äußerst suspekt vorkommt. Man vermisst ein wenig die Rücksicht auf die urschwäbischen Grundbefindlichkeiten. Wagen wir dafür einen kurzen Röntgenblick auf den alleinreisenden Schwaben im Hotelzimmer.

Um die Minibar macht er einen regelrechten Bogen, als ob es schon etwas kosten würde, daran vorbeizulaufen. Es soll Schwaben geben, die sich vor der geschlossenen Minibar bekreuzigen, obwohl sie Protestanten sind. Die Minibar ist das Böse schlechthin. Hinter der Kühlschranktür lauert Luzifer, Satan persönlich oder die ewige Verdammnis schlechthin. Schwaben können vor einer gefüllten Minibar verdursten. Wenn sie dann aber doch bei guter Gesundheit auschecken, braucht sie niemand nach ihrem Minibarkonsum zu fragen, denn sie versichern schon von Weitem laut und deutlich: »*Mir hänn nix ghet, absolut nix, also wirklich überhaupt gar nix!*«

Auf diese Weise erfahren wir ganz nebenbei, dass es im Schwäbischen gerade in solchen Extremsituationen sehr spezifische Steigerungsformen gibt, die im Hochdeutschen spätestens beim »gar nichts« zu Ende sind. Das »wirklich überhaupt gar nix« fühlt sich an, als ob der Schwabe sicherheitshalber noch eine Flasche vom Kiosk vor dem Hotel in die Minibar gelegt hat. Damit er auf keinen Fall »*in was nai kommt*« (siehe *Glossarisches, Seite 245*).

Sollten jedoch tatbestandsrelevante Indizien, wie beispielsweise fehlende Flaschen, gegen einen Freispruch durch die Rezeption sprechen, dann wird Tacheles geredet: »*I han des Minibartürle net amol ogfasst. Meine Griffel fendesch uff dere Tür ganz sicher net. Des muaß aber gwiass wor sai.*« (Da diese Minibartür von meinen Schwabenfingern nie berührt wurde, entspricht es sicherlich der uneingeschränkten Wahrheit, dass dort auch keinerlei Fingerabdrücke zu finden sind.) Man sollte dem Schwaben glauben. Er hat die fast ans Religiöse grenzende Überzeugung, dass schon die bloße Berührung eines Minibargetränks die ewige Verdammnis zur Folge hat.

Natürlich schaut der Schwabe auch kein Pay-TV. Nicht aus moralischen Bedenken, sondern wegen des Bezahlens und auch wegen der Öffentlichkeit. Jegliche auch noch so leise geäußerte Vermutung, man hätte Erwachsenenunterhaltung genossen, wird sofort mit allergrößter Empörung vehement zurückgewiesen: »*Ha, des wär ja no scheener! So ebbes guck i gwiiss net!*« (Ich bin allein schon über die Vermutung empört. Meine schwäbischen Moralindikatoren lassen derartige Versautheiten unbeguckt!)

Schauen wir aber noch einmal schnell ins Zimmer.

Der Schwabe überprüft selbstverständlich im Regelfall die einzelnen Funktionen des Fernsehers und berechnet dann anhand der beigelegten Bedienungshinweise auf die Sekunde genau, wie lange er den Erwachsenenkanal schauen kann, ohne Kosten entstehen zu lassen. Was zeigt uns dieser Blick ins schwäbische Einzelzimmer? Auch der Schwabe schaut gern einmal in den verbotenen Kanal, aber wenn er dafür bezahlen müsste, würde er das wahrscheinlich nicht überleben. Würde er zugeben, geschaut zu haben? »*Aber oms verecka net.*«

Eine letzte besondere Eigenart des schwäbischen Touristen darf nicht unerwähnt bleiben. Was empfinden Sie, wenn Sie den nachfolgenden Dialog hören, mehr oder weniger laut artikuliert, irgendwo auf einem Gehweg in einer Weltmetropole weit vom Schwabenland entfernt?

»*Ja, leck mi am Arsch, i glaub, i verreck, da denksch nix bees ond pletzlich steht des alte Arschloch vor dr! Wo kommsch du denn her?*«

Die liebevolle Antwort kommt wie aus der Pistole geschossen: »*Da fliegsch om d'halbe Welt ond glaubsch, du hasch dai Ruh, on no steht der Granatenseggel vor dir ond guckt genauso bleed wie dahoim! Dafür hädsch net nach Sydney braucha!*«

Machen wir es kurz. Dies ist eine ganz normale und freundliche Begrüßung zweier Schwaben aus demselben Ort irgendwo fern der Heimat. Soll man, kann man das erklären? Nein, und wir versuchen es auch gar nicht. Schwäbische Höflichkeit ist anders und entzieht sich jeglicher Fremdinterpretation.

Der Schwabe geht gern fort. Und trotzdem. »*Dahoim isch emmer no dahoim.*« Er mag die Heimat und weiß sie zu schätzen.

Relativ gesehen: »*Dahoim ischs emmer no am Scheenschda ond es is gwiass net schee!*« (Zu Hause ist es immer noch am Schönsten, obwohl man auch feststellen muss, dass es auch bestimmt nicht wirklich schön ist!)

Ein durch und durch schwäbisches Bekenntnis zur Heimat eben. Der Schwabe will niemals woanders leben. Trotzdem geht er immer gern fort. Um zu gucken und dann wieder sicher zu sein, dass die schwäbische Heimat eben doch der schönste Teil der Welt ist. Um das herauszufinden, bricht man immer wieder auf. Was bei Frauen und Männern durchaus ganz unterschiedlich aussehen kann.

Die Schwäbinnen gehen sehr gerne »*ge schwanza*«, was übersetzt so viel heißt wie bummeln oder flanieren. Das kann bei aller schwäbischen Sparsamkeit für den Gatten schon mal teuer werden, denn auch im schwäbischen Frauenhirn dominiert die suchtähnliche Schuhkauflust das eigentlich schwabengenetisch vorgegebene Sparverlangen. Das Kaufergebnis dieser femininen Zerrissenheit sind unsinnige Sonderangebote, die einen schwäbischen Mann töten können: »*Schätzle, der Stiefel hat amol 700 Euro koschtet.*«

Man ahnt auch als Nichtschwabe, dass die danach verkündete Preisreduzierung nie ausreichen wird, um den Blitz zu mildern, von dem der taumelnde Gatte getroffen wird.

Der Schwabenmann geht auch gern fort, aber mit ganz anderen Prioritäten. Wir unterlassen es besser, dies ebenfalls »*ge schwanza*« zu nennen, wegen möglicher Missverständnisse sprachlicher Art. Der Mann kauft bestimmt keine Stiefel, er guckt mehr. Er will wissen, wie es aussieht in der Welt. Deshalb geht er fort. Wenn er aber zu lange »Gang fort« macht, kann es sein, dass er Krach kriegt mit seiner Frau. Dann darf er nicht mehr heim. Hätte er bloß nichts wegen der Stiefel gesagt, denkt er sich dann, und schiebt beim Viertele am geliebten Stammtisch gleich eine weitere Schwabenweisheit nach: »*Es isch emmer no besser, ma darf nemme hoim komma, als ma darf nemme fort.*« (Vor die Wahl gestellt, nicht mehr nach Hause oder nicht mehr auf Tour gehen zu dürfen, verzichtet der Schwabenmann schweren Herzens auf das Nach-Hause-Gehen.) Und er muss fort, um immer wieder aufs Neue sicher zu sein, dass es im Schwabenland halt doch am Schönsten ist und die Sonderangebote für Frauenstiefel in der großen weiten Welt auch nicht besser sind als »*dahoim*«.

Für diese Erkenntnis reist er auch bis zu den Antipoden. Vergleicht Sydney mit Stuttgart und wankt, ob die Schwabenmetropole diesem Maßstab genügen kann. Aber als der Zweifel zu nagen beginnt, da bemerkt der Schwabe, dass es in Sydney keine Stuttgarter Zeitung gibt, keinen Gaisburger Marsch, ja, nicht einmal einen gescheiten Wurstsalat oder Trollinger, und dass am Weinglas der Henkel fehlt. Allesamt Gründe, die eine baldige Heimkehr ins geliebte Schwabenland erfordern. Selbst der schönste Sonnenschein und der Blick auf die weltberühmte Oper mit der Hafenbrücke im Hintergrund kann nicht verhindern, dass dem Schwaben die Wichtigkeiten seiner irdischen Ordnung und die Prioritäten des schwäbischen Daseins durch den Kopf gehen: »*Dahoim sollt mer d'Beem schnaida ond I sitz bled in Sydnei rom.*« (Während zu Hause Arbeit auf mich wartet, sitze ich beschäftigungslos in der Fremde und drehe Däumchen.)

Schwäbisch Listiges #1

Welche wüsten Ausdrücke man kennen sollte, weil es von Vorteil sein kann, neben dem Guten auch einen mutigen Blick auf das Böse zu wagen

1 »Leck mich am Arsch«

Der wohl berühmteste schwäbische Ausdruck der eigentlich nicht gesellschaftsfähigen Art stammt von einem Hessen. Zwar ist er weltbekannt in der Literatur- und auch in der Theaterwelt, aber trotzdem wurmt es die Schwaben mächtig. »Wiascht« zu sein, also derb, ungehörig, böse, und dafür kernige und klare Schimpfworte zu finden, dazu braucht es im Schwabenland eigentlich keine Ausländer, auch keine benachbarten. Aber es ist nun mal geschehen.

Jedes Jahr pilgern Theaterfreunde aus allen Himmelsrichtungen zu den Freilichtspielen nach Jagsthausen, um den Götz von Berlichingen zu sehen. Um was geht es? Nicht wichtig! Im dritten Aufzug fällt der Satz, auf den alle immer warten und den wir unseren Kindern unter Hausarrestdrohungen verbieten: »Er aber sag ihm, er kann mich im Arsche lecken.«

Was lernen wir daraus? Erstens, dass wir einen Literaturzitatsfehler begehen, wenn wir uns im Eifer des

Streitgefechts einfach nur »am« Arsch lecken lassen, korrekt wäre »im« Arsch.

Zweitens lernen wir, dass ein »Leck mich am oder eben auch im Arsch« in keinster Weise gassensprachlich zu interpretieren ist, sondern lediglich die Benutzung eines Zitats aus der ganz großen Literatur darstellt.

Drittens lernen wir auch noch, dass nicht alles schlecht ist, was von draußen kommt. Wer für das Zitat geradesteht? Kein geringerer als Johann Wolfgang von Goethe!

2 »Dackel«

Warum und wieso es gerade diese kleine Hunderasse mit den viel zu kurzen Stummelbeinen geschafft hat, zu einem der am meisten verwendeten Schimpfausdrücke des schwäbischen Alltags zu werden, ist eigentlich nicht vernünftig begründbar. Doch auch ohne etymologische Spezialkenntnisse sollte man wissen, dass die Zuordnung der eigenen Person in die Familie der Dackel nicht unbedingt positiv besetzt ist. Nun sollte man aufmerksam die Ohren spitzen, um herauszufinden, ob die Kategorisierung als Dackel noch eine genauere Spezifizierung erfährt und damit ein feineres Bild Ihrer Person abgibt.

Achtung, es gibt große Unterschiede zwischen einem normalen Dackel, einem Volldackel oder einem Halbdackel, einem Bauerndackel oder einem Mordsdackel, einem Granatendackel, einem Allmachtsdackel, einem Saudackel, einem Jenseitsdackel oder eben einem *seggelblöden Scheißdrecksgranatenvolldackel*. Alle menschlichen Dackelerscheinungsformen sollen ähnlich dem Tier dickköpfig und dumm sein. Was selbst unter Urschwaben umstritten ist und auch von renommierten Sprachforschern noch nicht abschließend geklärt werden konnte, ist die Frage, welcher Beschimpfte denn nun dümmer ist, der Halbdackel oder der Volldackel.

Die Sonderkategorie »Grasdackel« gilt aber als eine von allen Wissenschaftlern bestätigte, besonders blöde Ausführung des gemeinen Dackels. Der Grasdackel ist so dumm, dass er glaubt, er sei ein Rindvieh – und deshalb Gras frisst. Da ist man doch lieber ein *Scheißdrecksgranatenvolldackel*, gern auch ein *seggelblöder*.

3 »Igel-Bürste«

Man weiß eigentlich nie so genau, woher Schimpfwörter, Flüche oder eben auch die besonders wüsten Ausdrücke denn kommen, mit denen wir heute unsere Widersacher und all die anderen Schnarchpfeifen bedenken, nur weil sie uns gerade mal ärgern oder einfach nur ganz gehörig auf den Sack gehen. Ob das mit dem Sack jetzt schwäbisch ist oder eher auf breiter »nationaler« Ebene angesiedelt werden sollte, wäre noch herauszufinden.

Eines aber steht fest. All diese bösen Worte haben Wurzeln, die tiefer gehen, als man graben will. Aber im Schwabenland gibt es einige zeitgenössische Schmähworterfinder, die sich um die Erweiterung des schwäbischen Verunglimpfungswörterbuchs sehr verdient gemacht haben und die bei der spontanen »Verseggelung« ihrer Gegenspieler durchaus die ganze Klaviatur einer konzertsaalfüllenden Beschimpfungssymphonie beherrschen. Das Wissen um die Bedeutung von »Verseggelung« wurde jetzt beim Leser vorausgesetzt, was natürlich nicht einfach so zutreffen dürfte.

Eine Person der »Verseggelung« auszusetzen, heißt, ihn zu verseggeln. Das muss als Erklärung reichen.

Stellen wir lieber einen der größten Schmähsprucherfinder unserer Region vor, der leider 2004 verstorben ist, aber mit Sicherheit bis zum letzten Atemzug seine Ärzte und Krankenschwestern maßregelte und sicherlich auch ordentlich verfluchte. Heute sitzt er bestimmt auf irgendeiner Wolke im Himmel, ärgert sich maßlos über den falschen Wolkenschnitt, schimpft ziemlich »galabrisch« mit den Engeln und wird sie immer wieder und wahrscheinlich ganz ordentlich verseggeln.

Es ist der Remstal-Rebell Helmut Palmer, der seinen politischen Gegner schon mal jegliche Amtsbefähigung mit folgenden Worten absprach: »Der eignet sich für das Amt wie der Igel zum Arschputzen.«

Den dritten Platz in unseren Charts der schlimmen Ausdrücke verdient er sich aber mit einem sicherlich von so manchem Steuerzahler begrüßten Bestrafungsvorschlag für unfähige Politiker: »*An dem ghöret krumme Eisenbahnschienen grad gschlaga!*«

Vielleicht kämen dann mehr Züge pünktlich an, wer weiß? Dabei hätten die Schwaben auch so elegante Bösartigkeiten wie »*Du bisch a Kerle wie am Heiland sai Gaul*« zu bieten.

Man sollte nur eben wissen, wie Jesus in Jerusalem eingeritten ist. Wenn nicht, ist man selber der Esel.

4 »Heckenscheißer«

Dieser schlicht die Verzweiflungstat eines Metropolenbürgers in der Diaspora der schwäbischen Alb personifizierende Ausruf gehört zum Grundvokabular der innerschwäbischen kulturellen Verwerfungslinien. Während der Stuttgarter als der gemeine Kesselbürger sehr gern hochnäsig auf den geografisch eigentlich sehr viel höher angesiedelten Bergmenschen der Schwäbischen Alb hinunterschaut, schaffen es die Bewohner der Schwäbischen Alb mit zunehmender Luftverschlechterung im Stuttgarter Ballungsgebiet immer mehr, von der herausragenden Luftqualität in ihrer einige Meter höher liegenden Heimat zu profitieren und die Heerscharen an Besuchern aus Stuttgart und Umgebung hoheitsvoll aufzunehmen, touristisch einigermaßen zufriedenstellend zu versorgen und dabei auch ein bisschen Geld zu verdienen. Oder auch viel Geld für »immer wieder sonntags«.

Die Stuttgarter bleiben trotz des herzlichen Empfangs auf der Alb skeptisch und haben regelrecht Angst vor all den schlimmen Krankheiten, von denen man sich in den Straßenschluchten der Landeshauptstadt erzählt: »Lepra, Cholera und von ›Dr-Alb-Ra‹«.

Nicht nett, vor allem dann nicht, wenn man sonntags gerne den Ausflug in die Champagnerluft der Schwäbischen Alb macht, keine Toiletten findet und in sozusagen metropolischer Verirrung mit stuhlgängerischen Absichten an einer Hecke zur in den Himmel stinkenden, hinterheckischen Hinternentleerung in die Knie geht.

Es gibt wenige Bezeichnungen im deutschen Sprachraum, die sprachlich so nah an einem ganz alltäglichen menschlichen Drama dran sind wie die des Heckenscheißers. Was gewollt ist, sind klare Botschaften an die ordinären Verschmutzer der pflanzlichen Trennzäune: »Kackt uns die Alb nicht zu! Passt bloß auf, es soll auf der Alb giftige Schlangen geben, die zubeißen, bevor sie zugeschissen werden. Bitte, liebe Stuttgarterinnen und liebe Stuttgarter, benutzt im Notfall die Hundekottüten aus den überall vorhandenen und leicht zu findenden

Verkaufsautomaten. Denkt bitte immer daran, dass das mitgelieferte Kotschäufelchen wegen dem Faktor Gewicht bei einem auf einen menschlichen Verursacher zurückzuführenden Stuttgarter Durchschnittshaufen leicht abbrechen kann, in der Fachsprache der IVKS (Industrielle Vereinigung kotschaufelherstellender Spezialunternehmen) redet man in diesem Fall von dem ›Human Source Average Outdoor Shit Weight Break Factor‹. Bitte den eigenen Haufen auf zwei Mal aufnehmen. Die Touristikzentrale der Schwäbischen Alb hat in einem Modellversuch getestet, wie man die Schaufel bei dem Mengendesaster optimal hält, und hofft, bis zum nächsten Sommer Kotpäckchenautomaten für Stuttgarter Heckenscheißer aufstellen zu können. Im Moment laufen noch Wiege- und Beschaffenheitsuntersuchungen. Wir halten Sie auf dem Laufenden.«

5 »Herrgottsack« und »heiliger Bimbam«

... teilen sich christlich den fünften Rang der Liste der schlimmen Ausdrücke. Wobei man im schützenden Zusammenhang mit der gerade erwähnten schwäbischen Christlichkeit schon feststellen darf, dass beide oben genannten sprachlichen Auswürfe nicht wirklich zu den wüsten Worten des Schwabenvokabulars gehören, sondern eher zu den kernigen Selbstansprachen bei starkem Ärger und großer Verwunderung.

»Ach du heiliger Bimbam« passt zum Beispiel ausgezeichnet, wenn man die eigene Gattin inflagranti mit einem anderen im Bett antrifft und ebenso gut, wenn einem dieselbe Gattin den vor einer Stunde verursachten Schaden am heiligen Blech des geliebten Familienautos beichtet: »*Du, I han da vorhin dr Kutteroimer net gseha, na hats halt gschäppert. Isch aber bloss a Delle.«* (Irgendjemand hat den Mülleimer so blöd hingestellt, dass eine Kollision mit minimalen Kollateralschäden unvermeidbar war.)

Außerhalb der schwäbischen Regionen sagt man in solchen Krisensituationen übersetzt gern »ach du heiliger Strohsack«, im englischsprachigen Raum hört man in solchen Augenblicken sehr häufig »Holy Moly«. Frauen, die unsere Autos kaputt fahren, scheinen ein internationales Problem zu sein.

Wenn allerdings beide Ereignisse an ein und demselben Tag zu verkraften sind, wenn also ein und dieselbe Frau fremdgeht und das Auto kaputt macht, dann kann das sprachliche Bedrohungspotenzial des gehörnten Ehemanns durchaus tornadoähnliche Dimensionen annehmen.

Obwohl der »Herrgottsack« in unschwäbischen Ohren durchaus kraftvoll herüberkommt, ist er eigentlich harmlos. Was hat man sich unter dem Sack des Herrgottes vorzustellen, und wenn man denn ein Bild davon hat, warum muss dieser Sack immer wieder zum Ausdruck der negativen Verwunderung über einen komplizierten Sachverhalt herhalten: Man wundert sich und das, was einen wundert, gefällt einem nicht unbedingt. »*Herrgottsack aber au, erschd liegd se mit ama andra ins Näschd ond no demolierd se au no mai Audo.*« (Mein lieber Herr Gesangsverein, wenn sie schon fremdgeht, sollte sie wenigstens mein Auto ganz lassen.)

6 Die Schwabenrache

Wir erinnern uns an Platz 5 und den doppelt gehörnten Ehemann, dessen Frau nicht nur sein Auto demoliert hat, sondern *in flagranti* im gemeinsamen Ehebett erwischt wurde. In solch kritischen Lebenssituationen kann der ansonsten zur zivilisierten Friedfertigkeit neigende Schwabe durchaus auch einen Bedrohungswortschatz zutage fördern, der beim neben der Gattin im Bett liegenden Widersacher panische Angstwellen auslösen kann durch die unmissverständliche Androhung körperlicher Beschädigung durch die betrogene Schwabenfaust. Die Furcht vor des Schwaben Rache kann durchaus die doch gerade eben erst geleerten Eier des kurzzeitigen Liebhabers derart schrumpfen lassen, dass selbst der Vergleich mit schrumpelig vertrockneten arabischen Dörrpflaumen euphemistischen Charakter hätte.

Platz 6 der schlimmsten schwäbischen Ausdrücke gehört zu diesen Drohungen der nicht so feinen Art, die der Schwabe äußerst ungern anwendet, aber auch nicht immer vermeiden kann. Das Leben kann hart sein und wer »*saine sterriche Wichsgriffel*« an einem verheirateten Schwabenweibe ausprobiert, der sollte seinen Frieden mit dem Herrgott schon gemacht haben, denn es droht die Ewigkeit. »*Pass bloß uff, sonschd langd dai Zobirscht morge friah ens Lähre!*« (Wenn die Auseinandersetzung nicht sofort kultiviertere Formen annimmt, wirst du deine Zahnhygiene stark reduzieren können, da du nichts mehr haben wirst, was zu pflegen wäre!)

Und wenn es sein muss, dann passiert es eben auch, und die Berichte danach klingen übel: »*Dem han I dermaße oins uff d'Gosch nuff ghaue, dass em dr Trieler dreispurig dr Zenka naglaufa isch.*« (Mein erster Fausthieb führte beim Empfänger zu verstärktem Nasenfluss, der dreispurig abgeleitet wurde.)

Was lernt man daraus? Finger weg von schwäbischen Ehefrauen!

7 »Gosch«, weiblich

Auch Schwertgosch genannt, nicht zu verwechseln mit Fisch-Gosch, einer Stuttgarter Institution, die unbestätigten Gerüchten zufolge unter anderem auch eine Filiale in Sylt aufgemacht hat. Wieder so eine schwäbische Erfolgsnummer. Aber wie schon gesagt, hier geht es um Gosch, weiblich:

Wie bereits gelernt, sollte man beim Verkehr mit vergebenen schwäbischen Frauen gut aufpassen. Der Umgang mit ihnen kann allerdings auch dann zur Ernüchterung führen, wenn diese noch nicht verheiratet sind und beim Umgang mit Männern rücksichtslos ihre »*Schwertgoschen*« (siehe Glossar) Gassi führen.

Das negative Beurteilungsvokabular schwäbischer Amazonen ist ungefähr tausend Mal so groß wie deren Wörterbuch der Nettigkeiten. Man lässt das nun Folgende am besten unübersetzt, zum Wohle der Männer, denen wir nähere Erkenntnisse über ihren Stellenwert bei den Schwäbinnen ersparen wollen. Aber geben wir es ruhig zu, bei den meisten Männerbezeichnungen sind wir mit einer Sinn machenden Übertragung ins Hochdeutsche schlichtweg auch vollkommen überfordert.

Was können Männer nicht alles sein: *Bachel, Glufamichl, Moschtköpfe, Scheraschleifer, Hurgler, Lohle, Hamballe, Randschdoischloddser, Grifflschpitzer, Bruddler, sechskantigs Arschloch* oder eben, zwar übersetzbar, doch in der Tiefe der Spezialbedeutung nicht zu begreifen: *Spitz, Rendvieh, Dackel, Aff* oder sogar *Affadackel.* Hier eignet sich ein Verweis auf Platz 2 dieser Charts.

Aber bleiben wir bei den speziellen Wortgemeinheiten schwäbischer Frauen gegenüber dem Manne: »*Der wär erscht recht, wenn mr an oba ond onda absäga ond no d'Mitte wegschmaißa dät.«* (Dieser Mann wäre dann brauchbar, wenn man oben und unten etwas absägen und die Mitte wegwerfen würde. Kurzform: unbrauchbar.)

Der echte Chartplatz 7 der bösen schwäbischen Ausdrücke geht aber an den sprachlichen Versuch, die totale Vernichtung von jeglichem männlichen Ehrgefühl in einem brutalen Kurzsatz zu erreichen: »*Den Lohle kannsch nett amol zom Brennnessle nonterträtte nemma.*« (Dieses Leichtgewicht kann man nicht einmal zum Brennnesselheruntertreten nehmen.)

Schlimmer geht es wohl nimmer.

8 »Gosch«, männlich, bitte genauso wenig verwechseln wie die weibliche Form

Die Schwertgoschen (Platz 7) haben uns die brutale Realität gezeigt. Was ist aber umgekehrt. Sind die schwäbischen Männer bei der Beurteilung von Frauen etwas sensibler oder feinfühliger und gehen sie von der Wortwahl her gemäßigter mit dem anderen Geschlecht um? Es sei schon im Voraus festgestellt, dass Platz 7 und 8 der Chartliste sich ein Kopf-an-Kopf-Rennen um die bessere Platzierung geliefert haben, und dieses Rennen hätte genau andersherum ausgehen können.

Was den schwäbischen Mann insgesamt etwas weicher zeichnet, ist seine Fähigkeit zur Selbstkritik: »*Fraua machet au Fähler, aber für a richtigs Chaos brauchts scho ons Männer!*«

Ansonsten sind ihre Ausdrücke dem Weibe gegenüber schon wirklich »*wüascht*«: *bleede Kuah, daube Sau, Giftspritz, Kachl, Schendmähr, Beißzang, Schwatzbaas.* Aus der *Schwatzbaas* können mildernde Umstände ein *Tagblättle* machen, das Gegenteil davon macht aus der *dauben Sau* eine *grabbewüaschte Selbige*.

Den Chartplatz 8 aber gibt es für »*Dui sieht aus wie an verloffener Bachschdoikäs*« und die ganz kurzen, ganz prägnanten, ganz bösen und nur im Schwabenland zu verstehenden Ausdrücke »*die Dengere*«, »*s'Ripp*« – und ganz brutal »*des Mensch*«.

Klingt doch gar nicht so schlimm, denken Sie? Glauben Sie es einfach, Versuche am weiblichen Objekt sind sehr gefährlich.

9 Weisheiten

Es gibt aber auch einige wüst klingende Ausdrücke, die gar nichts mit den sonstigen Beschimpfungen bei Auseinandersetzungen zu tun haben. Platz 9 ist reserviert für klare Worte der Erklärung und weiterführende Erläuterungen von Selbstverständlichkeiten.

Wenn zum Beispiel der schaffende Schwabe doch mal ein kleines Päuschen einlegt, dann tut er das immer mit etwas schlechtem Gewissen und beruhigt sich und seine Mitpäusler mit einer beeindruckenden Weisheit, der auch amphibische Tierforscher nicht die Zustimmung verweigern können: »*Die Arbeit isch koi Frosch, die hüpft net davo.*«

Doch trotz dieser schier übermächtigen Präsenz philosophischer Schwabenlogik verweigert sich der Württemberger auch nicht den großen Erkenntnissen der alten Griechen. War es Platon, der feststellen durfte, dass er weiß, dass er nichts weiß? Die schwäbische Variation dieser alten Weisheit hat eine nahezu ungriechisch komplexere Struktur und greift trotzdem mit intellektueller Leichtigkeit – und gerade deswegen auch für schlichtere Gemüter gut nachvollziehbar – nach dem Firmament des Grundsätzlichen: »*Bloß Domme moinet, d'Gscheite wisset elles.*«

Und wenn die folgende Weisheit auch von ganz vielen Denkschulen in Anspruch genommen wird, im Schwäbischen klingt es einfach richtiger oder, schwäbisch ausgedrückt, *saumäßig gscheit*: »*Uff'm Friedhof liagat a Haufe Leit, die glaubt henn, ohne sie geht's net.*« (Auf dem Friedhof liegen viele Menschen, die der Meinung waren, ohne sie würde nichts möglich sein.)

Es sei betont, dass wir hier nicht über einen Heckenscheißerhaufen reden. Wenn ein Mensch permanent vom Pech verfolgt wird, dann haben die Schwaben auch dafür eine treffende Metapher: »*Dem hat Katz ins Feuerzeug naibronzt.*« (Dem hat eine Katze ins Feuerzeug gepinkelt, so viel Pech hat der!)

Die Krone unserer kleinen schwäbischen Erkenntnissuche gebührt der Vertiefung und mündlichen Formgebung der menschlichen Erfahrung, dass einfach nicht alles möglich ist und dass es Dinge gibt, die einfach nicht funktionieren. Der Schwabe hat die ebenso wichtige wie auch seltene Fähigkeit, das, was geht, von dem, was nicht geht, klar unterscheiden zu können: »*Ma ko au koin Furz uff a Brett nagla!*« (Wir sind rein technisch nicht in der Lage, Blähungen mit einem Stahlnagel auf ein Brett zu nageln!)

10 Das ehrwürdige Schlusslicht der Ehrenlegion schwäbischer Sprachgestaltung in nachdenkenswerten Lebenssituationen bildet eine klare Feststellung und ein schwäbischer Imperativ. Was selbst bei vielen Schwaben in Vergessenheit geraten ist, mag es vielleicht nur auf den zehnten Platz geschafft haben, aber der ist aller Ehren wert – und wer weiß, vielleicht gibt es ja einmal eine Renaissance alter wüster Ausdrücke. Wenn das passiert, dann darf die folgende Bezeichnung für einen wirklichen Dummkopf nicht fehlen: »Der hat aber das Pulver auch nicht erfunden!«

Ersparen wir uns nach so vielen vorangegangenen Erklärungen die letztere und rufen dem beflissenen Leser ein donnerndes Schlusswort zu, das man aber bitte schön nicht zu wörtlich nehmen sollte: »*Steiged mr doch in d'Dasch.*« (Steigen Sie mir doch in die Tasche, ich will nicht mehr.)

Eines noch. Bei jeder Preisverleihung gibt es auch immer Ehrenpreise für alles Mögliche und Unmögliche, auf jeden Fall für etwas außerhalb der aktuellen Bewertbarkeit. Wird sehr gern mit stehenden Ovationen vergeben und oft für das sogenannte Lebenswerk. Gute Sache, grundsätzlich.

Aber hier bekommt das gesprochene Wort den Preis. So geht auch der Sonderpreis an den wüsten Ausdruck direkt. Gefunden wurde er in den Stuttgarter Nachrichten. Woher er kommt? Niemand weiß es. Wer ihn gesagt hat? Keine Auskunft. Ist er uns Schwaben vielleicht doch peinlich? Mag sein. Aber der prämierte Ausdruck ist jeden Preis wert.

Gewaltig ist dieser lebensbejahende und konsequent zu Ende gedachte Satz. Ergebnis tiefgründiger Lebenserfahrung, gescheit, klug, weise und trotzdem gleichzeitig revolutionär und innovativ, global und schwäbisch, pragmatisch und doch philosophisch. Der Satz ist ein Fanal des Schwabenlands für eigenständiges Denken und intellektuelle Unabhängigkeit, ein mutiger Angriff auf überkommene Konventionen und begründet vielleicht eine neue Philosophie der praktischen Rationalität.

Der Ehrenpreis geht an: »*I verscheiß mei Hos schau am Medich, noh brauch I net die ganz Woch uffpassa.*« (Wenn ich meiner frischen Hose bereits am Montag einen deftigen Fleck zufüge, dann brauche ich den Rest der Woche nicht mehr so aufzupassen.)

Schwäbisch Abgrenzendes

oder das Tauschbaby

Es sind gar nicht so wenige, die es behaupten. Und die, die es sagen, die meinen es auch so. Weil sie die Fakten kennen und Ahnung haben. Also verneigen wir uns vor den Historikern und geben ihre fast einhellige wissenschaftliche Meinung wieder. Der Daimler ist im wahrsten Sinne des Wortes das wohl erfolgreichste Joint Venture von Schwaben und Badenern. Und damit auch so etwas wie das ideale Modell für den erfolgreichen Zusammenschluss von Baden und Württemberg zum Südweststaat.

Großzügiger Sponsor und wichtiger Steuerzahler ist Mercedes für den Südweststaat wohl auch. Deshalb wollte man auch von Anfang an mehr als am Ende nur die Mercedes-Benz-Arena, wo der VfB regelmäßig gegen den FC Bayern verliert. Die Automobilvorstände träumten von einem deutlich erkennbaren Automobilanteil im Ländernamen. Die geheimen Diskussionen drehten sich um Mercedes-Baden-Benz-Württemberg. Der Vorschlag scheiterte nur an der Länge und am entschiedenen Einspruch des Nachbarlandes. Wer will schon Opel-Hessen heißen?

Andere haben sich gänzlich verspekuliert. Man munkelt darüber, dass die Hohenzollern Gefallen an den ersten Nachkriegsmodellen von BMW gefunden hätten. Die sollen sie sich dann auch geleistet haben. Schöne und rassige Autos fuhren da wohl zur Burg hinauf. Dafür verschwand der Name der Hohenzollern aus dem Ländernamen. Den gibt es nur für Daimlerfahrer. Ob das so stimmt, darf man gern bezweifeln. Aber es passt wunderbar. Auf jeden Fall verschwand Hohenzollern bei der Vereinigung. Was blieb, ist eine Burg, die irgendwie an Masada erinnert, diese berühmte jüdische Trutzburg gegen die übermächtigen römischen Belagerer. Auch sie kann man heute noch sehen, ihre Bewohner begingen vor der Eroberung kollektiven Selbstmord. Dieses Schicksal blieb den Hohenzollern bei der Gründung des neuen Bundeslandes zumindest erspart. Und grüner ist es um ihre Burg herum auch – und zwar in jeder Hinsicht.

Eine gewisse Grundabneigung der Badener gegenüber den Schwaben muss man realistischerweise schlicht und ergreifend zur Kenntnis nehmen. Internet gab es noch keines, Plakate waren damals eines der gängigsten Mittel, seine Meinung kundzutun. Die Kreativität bei der Gestaltung des eigenen Standpunkts kannte keine Grenzen. Die Klarheit auch nicht. Ein Plakat der Südweststaatsgegner bringt es auf den badischen Punkt. »Wache auf, du Bad'scher Schläfer, sonst fressen dich die Schwabenkäfer!« Aber gilt das heute noch?

»Die Badenfrage ist nicht mehr aktuell. Sie ist Geschichte!« Wieder einmal Manfred Rommel. Doch es war, das wird niemand ernsthaft bestreiten, eine etwas unromantische Hochzeit gegen viele Widerstände, und es war auch nicht gerade eine Liebesheirat, die da im Jahr 1952 stattfand. Nur mit vielen taktischen Winkelzügen konnte Württemberg die badische Braut von den Vorteilen eines Jaworts überzeugen. Die wiederum machte klar, dass der gemeinsame Familienname nicht durch irgendeine schwäbische Komponente beschmutzt werden durfte. Geküsst hat man sich nicht, der kalten Zustimmung folgte sogar ein Streit vor dem Bundesverfassungsgericht über die Rechtmäßigkeit der damals noch jungen Ehe.

Wie es in dieser Ehe aussah und wie die Rollen verteilt waren, zeigen badische Karikaturen aus jener Zeit. Eine äußerst stabil gebaute Schwäbin, die schon allein durch ihre Körperhaltung eine gewisse Bereitschaft zur Gewalttätigkeit gegenüber dem verschüchterten, dürren Baden-Gatten an den Tag legt, ist Sinnbild für die damaligen Ängste der Badener.

Zur Feier der goldenen Hochzeit wollte man mit einem gemeinsamen Lied wenigstens gesangliche Einigkeit schaffen. Ganz nach dem berühmten Spruch von Willy Brandt: »Jetzt wächst zusammen, was zusammengehört!« Man hat da wohl etwas falsch verstanden, ging es doch dem Altbundeskanzler um etwas ganz anderes. Die lieblos zusammengeschusterte Hymne lag musikalisch-qualitativ irgendwo im Bereich zwischen Florian Silbereisen und Musikantenstadel mit einem Schuss Dieter Bohlen, und textlich noch darunter, was sicherlich auch eine Leistung ist. Ulrich Kienzle nannte das Werk in seinem höchst erfolgreichen Schwabenbuch »ein grenzdebiles Gesangsstück, das künstliche Vanillesauce über das Land goss und schnell wieder vergessen war. Niemand wollte diese holprige Hymne. Die Badener sangen weiter ihr Badenerlied, die Schwaben sangen überhaupt nicht.«

Dem ist nichts hinzuzufügen.

Trotzdem ist das Bundesland eine Erfolgsgeschichte. Die Schwaben würden sagen, dass nur in Baden-Württemberg richtige Autos hergestellt werden. Die Wirtschaftskraft des Bundeslandes ist enorm, und die entsprechenden Kennzahlen sind beeindruckend. Der Daimler ist nur das herausragende Paradebeispiel. Gegenbeispiele gibt es allerdings auch genug. Das markanteste ist die Doppelstadt, die aus der Zusammenlegung des badischen Villingen und des schwäbischen Schwenningen entstand. Hier sollte der idealtypische Baden-Württemberger entstehen, durch künstliche Befruchtung im Reagenzglas sozusagen, doch schon die Religion machte entsprechende Zeugungsversuche selbst dieser berührungslosen Art nahezu unmöglich.

Die einen sind überzeugte Katholiken, die anderen in der Regel streng evangelisch, in der Steigerung sogar schwäbisch-pietistisch, von denen behauptet wird, sie gingen zum Lachen in den Keller, nur um den direkten Zugang in das Himmelreich nicht zu gefährden. Diese religionsstrengen Schwaben nun hatten und haben eine deutliche Vorstellung von den rein konfessionell begründeten Unterschieden und machten daraus auch kein Hehl: »*Ha, der isch scho rächt, er schafft ond spart, aber er isch halt katholisch.*« Mischehen gingen eigentlich gar nicht, weder konfessionell noch landsmännisch gesehen. Heute gehen sie – meistens, oder wie der Schwabe so schön sagt: »*Wenn's sei muas!*«

Die gegenseitige Abneigung zeigte manchmal groteske Konturen. Gern erzählt man sich die Geschichte vom sterbenden Schwenninger Protestanten, der in letzter Minute zum Katholizismus übertreten wollte und seinem Pfarrer diesen Wunsch auch überzeugend darlegen konnte: »*S'isch besser, 's stirbt oiner von denne als oiner von ons, oder?*« Auf die Frage, warum der römische Kaiser Nero Rom angezündet habe, antworten die Villinger heute noch mit großer Überzeugung: »Weil es Schwenningen damals noch nicht gegeben hat.« Muss man an dieser Stelle noch betonen, dass es auch die umgekehrte Version gibt, die nicht weniger inbrünstig vertreten wird!

Von der Zeit der römischen Kaiser ist dann der historische Sprung nach ganz hinten auch nicht mehr so weit. Oder nach ganz vorne, wie man es eben nimmt. Schon die Schöpfungsgeschichte kennt eine badische Variante, die der Schwabe nur unter der mäßigenden und beruhigenden Wirkung von mindestens drei Viertele Trollinger wiedergeben kann. Da saß doch der Herrgott auf dem schönen Feldberg, blickte mit entspannten Augen auf den Rhein, modellierte mit geschickter Hand wunderschöne Badener Frauen und Badener Männer und stellte sie dort hin, wo sie eben auch hingehören: mitten ins unbestreitbar schöne Badener Land.

Da stellt sich uns Schwaben schon die erste Zwischenfrage: »Wo sind diese schönen Modelle bloß hingekommen?« Bitte auch nicht über den kahlen Herrgott nachdenken, der ist normalerweise auch bei uns gläubigen Schwaben ein inbrünstiger »mein Lieber«. Aber wenn er Badener modelliert, dazu noch schöne, dann wanken wir Schwaben im Glauben, zumal die badischen Gelbfüßler ja auch noch frecherweise behaupten, der Herrgott hätte die misslungenen Exemplare hinter sich geworfen, also mitten in's Herz des Schwabenlandes hinein.

Sollte Gott uns durch himmlische Zeichen einmal unzweifelhaft bestätigen, dass es genau so war und er es auch so wollte, dann ist es aber aus mit »Vater unser« und »geheiligt werde dein Name« und dem ganzen anderen Zeug. Dann ist das eine Badener Religion, und viele stolze Schwaben werden bereit sein, sofort zum Schintoismus zu wechseln oder eben jegliche religiöse Gläubigkeit abzustreifen. Schließlich hat der liebe Herrgott (in dubio pro reo) mit seiner Feldbergaktion das Fundament für einen Konflikt geschaffen, der auch heute noch mit Händen zu greifen ist. Manchmal jedenfalls und ganz besonders beim Fußball.

In unmittelbarer Nachbarschaft zum Daimler offenbarte sich die latente Psychose zwischen den Schwaben und den Badenern in eklatanter Weise. Der in Karlsruhe so erfolgreiche badische Fußballtrainer Winfried Schäfer wurde 1998 beim VfB Stuttgart nach nur sechs Monaten entlassen. Ein badisches Urgestein beim schwäbischen Vorzeigeklub, das war eindeutig zu viel der Integration. Völkerverständigung ist in Ordnung, im Notfall auch mit Badenern, aber deshalb muss so ein »*Badadackel*« ja nicht gleich unseren VfB trainieren. Wo kommen wir denn da hin?

Der »*Badadackel*« erscheint etwas grobschlächtig im Ausdruck, aber wenn man hinüberhört nach Karlsruhe, dann sind da gar so manche Schwabenbezeichnungen noch weiter unter der Gürtellinie als der Karlsruher Sportverein im Regelfall in irgendeiner Tabelle. Das geht in der Welt der modernen Kommunikation schon so weit, dass der sogenannte »*Schwobaseggel*« jedenfalls für einige Zeit einer eigenen Homepage für würdig empfunden wurde. Im Moment ist die badische Angriffsfront im weltweiten Netz etwas unübersichtlich, die Gelbfüßler scheinen zu schwächeln oder können sich vielleicht auch auf keine einheitliche Strategie einigen.

Man muss aber nicht zum Surfer durch die Weiten des Internets werden, um gewisse begriffliche Abgrenzungen wahrzunehmen. Fragen Sie einfach mal irgendeinen Badener auf der Straße, ob er etwas gegen die Schwaben hätte, dann kann die Antwort durchaus lauten: »Nein, gar nichts! Jedenfalls nichts, das hilft!«

So mancher entdeckt sogar seine poetische Abgrenzungsader: »Willst du keinen Streit und Ärger, meide jeden Württemberger.«

Da darf man wohl lapidar feststellen, dass es nicht mehr viel zu geben scheint, was Badener und Württemberger verbindet; außer der gegenseitigen Abneigung wohl gerade noch den Bindestrich.

Das könnte man meinen und es leicht auch so darstellen. Beispiele und gegenseitige Frotzeleien gibt es noch viele, aber beim gerade erwähnten Begriff der Frotzeleien sind wir wohl der Realität sehr nahegekommen. Man lacht übereinander, kramt alte, beinahe vergessene Sprüche heraus und vergisst sehr schnell am Tisch, wer denn eigentlich Badener und wer Schwabe ist. Gern trinkt man in Stuttgart Durbacher Laible und in Rastatt Remstäler Haidle und bezeugt sich gegenseitig Respekt vor den herausragenden Leistungen der Spitzenwinzer in beiden Teilen des gemeinsamen Bundeslandes.

Mit zunehmenden Promille im baden-württembergischen Blut wird halt wieder ein bisschen provoziert: »Über Baden lacht die Sonne, über Württemberg die ganze Welt.« Erst will man als Metropolenschwabe sofort und vehement Widerspruch einlegen, dann besinnt man sich und kommt zum Ergebnis, dass man bei abgeklärter Betrachtung gewisser Auseinandersetzungsformen der anscheinend moderneren Art im Herzen Stuttgarts aus der Distanz durchaus den Eindruck gewinnen kann, dass die Welt so langsam beginnt, über unsere Problembewältigungsmethoden zu schmunzeln. Es zeugt in diesem Fall ausnahmsweise nicht von Unverstand, wenn man hierbei einfach nur »Bahnhof« versteht.

Womit wir ganz aus Versehen, und zum Schutze der Familie persönlich vollkommen meinungslos, beim Thema der infrastrukturellen Anbindung beider Landesteile angekommen wären. Schon bei Nennung des Wortes Anbindung bekommen wir Bauchschmerzen und greifen, mit den Stauerfahrungen eines Autofahrers zwischen Stuttgart und Karlsruhe, beim Begriff des Ankommens doch eher zum Fremdwörterlexikon. Aber immerhin vereint Badener und Schwaben die kopfschüttelnde Einschätzung der miserablen Verkehrssituation weit mehr als jede politische Sonntagsrede über die großartigen Erfolge des blühenden Bundeslandes.

Hartnäckigen Gerüchten zufolge vermutet der gemeine Bürger den endgültigen Abschluss dieser Modernisierung oder, besser gesagt, Dauersanierung der Autobahn zwischen den beiden Metropolen Stuttgart und Karlsruhe irgendwann im dritten Jahrtausend. Aber die Stuttgarter wollen ja eh nicht nach Karlsruhe, und die Karlsruher eigentlich auch nicht unbedingt regelmäßig in die ungeliebte schwäbische Hauptstadt. Wieso ist dann bloß immer die Autobahn so voll?

Immer wieder stellt sich dem Betrachter die Frage, ob dieser mit so vielen Zoten garnierte Konflikt zwischen Badenern und Schwaben überhaupt jemals so existiert hat, und wenn es denn so war, ob diese Zeiten nicht schon längst ein für alle Mal vorüber sind. Und immer wieder ertappt man sich dabei, auch in das Lager der vernünftigen und aufgeklärten Staatsbürger überzuwechseln und die Augen und Ohren zu verschließen, wenn wieder von heftigsten Verbalscharmützeln berichtet wird.

Als baden-württembergischer Friedensengel sollte man auf Besuche im schwäbischen Schwenningen am besten ganz und gar verzichten, denn der Schwenninger gilt aufgrund der bereits geschilderten Zwangsnähe zum badischen Mitbürger als besonders klar in seiner Meinung: »Lieber eine Ratte im Brotkorb als einen Badener im Haus.«

Ist das etwas, was der international ausgerichtete, konfliktforschende Politologe einen »*Common Sense*« unter den Schwaben nennen würde? Oder ist es doch eher eine ganz spezifische Schwenninger Psychose nach der Zwangsvereinigung mit den nicht gewollten Badenern? Wohl eher, denn die jüngeren Generationen erkennen manchmal überhaupt keinen Unterschied mehr, und wenn doch, dann ist es ihnen eigentlich völlig egal, ob jemand aus Berlin oder Niedersachsen, der Türkei oder den USA oder eben aus Baden oder aus Württemberg kommt. Das darf man Multikulti nennen, und wenn es funktioniert, darf man ruhig auch stolz darauf sein.

In diesem Sinne ist das ganze Getue um den badisch-schwäbischen Konflikt ein lästiger Anachronismus, den man einfach unter den Tisch fallen lassen sollte. So gesehen hat der Herr Rommel mal wieder recht gehabt! Die Badenfrage ist Geschichte! Oder sagen wir es ein wenig bedachter: Die Badenfrage scheint Geschichte.

Denn man kann alles auch aus einem anderen Blickwinkel betrachten. Das Problem der gegenseitigen Abneigung ist bei vielen gerade auch jungen Leuten einfach virulent existent. Besonders bei den Geschichtskundigen. Die Unkundigen müssen wir davon überzeugen, dass Geschichte interessant ist und einem das schwäbische Grundrecht auf Ärger nicht wegnimmt, sondern den Ärger intellektualisiert und ihn damit stabiler und wehrhafter macht. Die jungen Schwaben und Badener wissen oftmals nicht ansatzweise, wieso Napoleon so oft zu sehen ist im Haus der Geschichte. Vor der Zeit der französischen Revolution gab es in der Region des heutigen Baden-Württemberg um die 600 Kleinstaaten. Baden wäre wahrscheinlich ohne Napoleon nie entstanden. Nun gut, sagen die Schwaben, Napoleon hat viele Fehler gemacht, da kommt es auf den einen auch nicht mehr an. Man hätte ihn nur nicht auf schöne Inseln verbannen sollen, sondern nach Karlsruhe.

Hören wir aber auf mit der Geschichte hinter den Geschichten und verweisen nicht nur auf den Geschichtsexkurs im vorliegenden Buch (siehe *Geschichtliches, Seite 26*), sondern auch darauf, dass es erstens gute Geschichtsbücher gibt, die sich ganz auf Baden-Württemberg konzentrieren, dass es zweitens ein hervorragendes modernes und überaus interessantes Haus der badischen und württembergischen Geschichte mitten in Stuttgart gibt, das anzuschauen und zu erleben man nicht versäumen sollte. Und drittens war die Entscheidung für das größere Bundesland Baden-Württemberg aus allen Aspekten heraus absolut richtig. Kaum einer wird dies anzweifeln, heiliger Bimbam aber auch.

Und trotzdem. Die beiden Teile, genauer gesagt Hauptteile unseres so erfolgreichen Bundeslandes suchen immer wieder nach Material, um über den anderen herzuziehen. Nehmen wir es als Volksbrauch, schließlich machen wir ja auch kein Schuhplattlern wie die Bayern oder Wattwandern wie die Küstenbewohner. Wir könnten mit all den Abgrenzungsgeschichten und Anekdoten eine Art schwäbisches »Ohnsorg-Theater« aufmachen oder, noch besser, die Fernsehsendung »Ein Herz und eine Seele« wieder aufleben lassen und Ekel Alfred zum Badener umpolen. Den Schwaben besetzen wir besser selber.

Alles ist gut im Staate Baden-Württemberg. Was nicht gut ist, werden wir gemeinsam reparieren, Badener und Schwaben. Das heißt aber noch lange nicht, dass wir Tisch und Bett miteinander teilen müssen. Ein bisschen vernünftige Abneigung sollte man uns lassen. Warum auch nicht, der Mensch und der Schwabe im Besonderen möchte sich nicht nur immer freuen müssen, sondern von Zeit zu Zeit auch einmal das Recht herausnehmen, sich so richtig

»*kreiznarret*« zu ärgern. Er braucht das förmlich. Wehe, man nimmt ihm das weg, dann bekommt er Angst. Bloß keine Vermischungen mit Badensern. Klare Abgrenzungen.

Trotzdem ist es passiert im Kreiskrankenhaus. Drei nervöse Männer warten gemeinsam im Aufenthaltsraum der Geburtsabteilung auf ihr erstes Baby. Alle drei werdenden Mütter bekommen wegen möglicher Komplikationen einen Kaiserschnitt, deshalb dürfen die Männer auch nicht dabei sein. Einer ist Schwabe, einer ist Badener und der letzte im Bunde ist ein dunkelhäutiger Mann aus dem südlichen Afrika.

Nach langem Warten stürzt eine völlig aufgelöste Hebamme ins Wartezimmer und verkündet, dass die Babys in der Hektik vertauscht wurden. Man bat die Herren um Nachsicht und Mithilfe bei der Identifizierung und Zuordnung der Babys.

Als dann der Badener die drei Kindchen sah, schnappte er sich sofort das dunkelhäutige und riss es an sich.

Die Hebamme wusste nicht, ob sie lachen oder weinen sollte, meinte aber tapfer, dass man diese Konstellation mit an Sicherheit grenzender Wahrscheinlichkeit ausschließen könne.

Die Antwort des Badeners war von tiefer Überzeugung getragen: »So kann ich wenigstens sicher sein, dass ich keinen Schwaben mit nach Hause bringe!«

Schwäbisch Problematisches #3

Schwabenland ist Abenteuerland

Als passionierter Asienreisender sucht man das Abenteuer immer wieder in der Ferne. Der Nichtschwabe kann sich die Flugkosten sparen. Der schwäbische Alltag ist Abenteuerland pur. Hier braucht es keinen Jurassic Park, der Dschungel der einfachen Gewohnheiten ist Herausforderung genug für unvorbereitete Entdecker. Also immer rein mitten ins Leben, aber seien Sie ein letztes Mal gewarnt. Manches, was für den Schwaben ganz normal ist, erinnert den unbedarften Schwabenfrischling eher an das Dschungelcamp bei RTL. Aber lassen Sie sich den Mut nicht nehmen. Schon gar nicht von der folgenden kleinen Geschichte.

Schwabe und Nichtschwabe sind gemeinsam unterwegs in der schwäbischen Prärie. Sagen wir irgendwo zwischen Dettingen und Bopfingen. Genauer ist es nicht überliefert, es wäre auch ziemlich egal. Das schwäbische Abenteuer liegt immer irgendwo zwischen Dettingen und Bopfingen. Nur manchmal auch zwischen Lenningen und Hayingen. Ob zwischen Unterlenningen und Hayingen oder Oberlenningen und Hayingen wissen wir jetzt auch nicht so genau, aber das können wir in diesem Zusammenhang ebenfalls vernachlässigen. Glauben Sie es mir einfach. Es geht um Wichtigeres. Es geht ums Essen.

Beide, Schwabe und Nichtschwabe, plagt der nagende Hunger, und so studieren sie eben irgendwo zwischen Dettingen und Bopfingen die Speisekarten aller Gaststuben, an denen sie vorbeikommen. Vielleicht war es auch zwischen Lenningen und Hayingen. Könnte sein, man weiß es nicht. Tief im Abenteuerland für Nichtschwaben eben. Plötzlich strahlt der Schwabe über beide Backen wie das berühmte Honigkuchenpferd und gibt freudig die Ursache seiner nahezu ekstatischen Begeisterung bekannt: »*Uii, do hen se Kuddla, des ess mr jetzt!*«

Der Nichtschwabe freut sich über die klare Entschlossenheit seines Mitwanderers und natürlich auch darüber, dass dessen Speisevorschlag eindeutig regionalen Charakter hat. Zwar hat er die gerade eben freudig ausgeworfene Bezeichnung dieser wohl vielversprechenden Speise noch nie gehört, aber das ist eigentlich egal, da er neuen Gerichten gegenüber sehr aufgeschlossen ist, gerne probiert und eigentlich die Landesspezialitäten immer genießt. Das gilt für Nordkorea bis Timbuktu.

Im Schwabenland war er noch nie und weiß daher auch noch nicht, dass »Kutteln« den Vormagen eines Wiederkäuers meinen und diesen zwischen die Zähne unserer Kuttelesser bringen.

Auf die naive Frage, was das denn sei, bekam er die klare Antwort: »*Des isch a Delikatesse, wenn se richtig gmacht send.*« Der Schwabe war völlig aus dem Häuschen, er tat »*wie a Gois am Bendel*« (wie eine junge Ziege an der Leine): »*Kuddla send a Stück vom Rindvieh.*«

Na ja, dachte sich wohl der Nichtschwabe, ein Rindvieh ist groß, hoffentlich sind es nicht die Augen oder gar die Hufe.

Der Schwabe setzt seine Aufklärungsarbeit überraschenderweise fort: »*Kuddla kosch net überall essa ond au net bei jedem Metzger kaufa. Wenn er se net richtig butzt, no stenket se wia d'Sau, ond wenn se net lang gnug kocht senn, no senn se net richtig schlotzig in dr Gosch, no kooschs au vergessa.*« Für den Nichtschwaben wurden die Rätsel eher größer als kleiner, und seine mentale Aufgeschlossenheit gegenüber regionalen Besonderheiten schrumpfte schneller als Billigfleisch in einer heißen Gusspfanne.

In der Zwischenzeit saß man am Tisch, und der Nichtschwabe trank sich schon einmal Mut an. Dann kamen sie. In tiefen Suppentellern. Randvoll mit brauner Soße, in der helle, von der Farbe so ins Beige gehende, breitbandnudelige Schwabbel-Pommes schwammen, die aber auch stark an in Streifen geschnittene Frotteehandtücher erinnerten. Als Beilage gab es Bratkartoffeln, die der Schwabe zum großen Teil gleich einmal in die braune Soße mit den geschnittenen Frotteehandtüchern löffelte: »*Eih, des riecht aber amol fein, am besta sen se oifach sauer, da kansch sage, was de willsch!*«

Als der Nichtschwabe ganz vorsichtig, fast skeptisch einen der Frotteehandtuchstreifen probiert, weiß er blitzartig, dass er sich getäuscht hat. Es sind gekochte Gummimattenstreifen, da ist er sich jetzt ganz sicher, es war nur nicht klar, ob vom Badezimmer oder aus dem Auto. Geschmacklich aber tatsächlich einwandfrei – was wohl an der Soße lag und nicht an den Gummimattenflädle.

Nun war wirklich High Noon zwischen Dettingen und Bopfingen. »Ich esse nicht mehr weiter, bevor ich nicht weiß, was das ist!« Der Nichtschwabe hatte sämtliche Toleranzreserven aufgebraucht: »Was sind das für eklige Gummiwürmer in der braunen Soße?«

Die Antwort war knapp, trieb dem Nichtschwaben aber Ohnmachtsschwaden durchs Gehirn: »Pansen.«

»Wie bitte? Wir essen hier tatsächlich Hundefutter? Diese getrockneten stinkenden Magenstreifen, nach denen der Hund noch tagelang bestialisch aus dem Maul stinkt? Wir sollen den Vormagen eines Rindviehs essen? Ohne mich. So etwas kann ich einfach nicht essen.«

Der Schwabe konnte nur lachen: »*Nadirrlich koosch des essa! Was dr liebe Gott ins Tier naiduat, kansch au wieder raushola ond essa! So Kuddla send oifach oberlegger! Glaub mrs oifach.*«

Der Nichtschwabe wollte einfach kein Hundefutter essen. Auch kein Hundefutter, das gut schmeckt. Oder einfach »*oberlegger*« ist. Er wollte nicht aus dem Maul stinken wie ein Hund. Er wollte keine Kutteln. Der Nichtschwabe wurde plötzlich grantig wie ein Schwabe: »Das fress ich nicht. Geht das endlich in deinen verkuttelten Schwabenschädel?«

Der Schwabe verstand, verschlang still die zweite Portion, war sehr zufrieden und lächelte versonnen: »*Also mir hat's subber gschmeggt.*«

Schwäbisch Eigenwilliges

oder der Sterbende

Jetzt wird aber wieder systematisch Klartext gesprochen. Das liegt uns Schwaben. »So semmer halt.« Thematisch glasklar, nur halt ziemlich dialektisch. Also schwäbisch dialektisch. Das ist so etwas wie das glatte Gegenteil der Dialektik des Kritischen Rationalismus. Alles, außer Hochdeutsch. Und bloß nix von Adorno oder diesem Jürgen Habermas, wenn schon kompliziert, dann lieber Hegel, der war wenigstens Schwabe. Deswegen versteht man ihn aber trotzdem nicht. Wir sind nur stolz, dass wir auch ein paar gescheite Köpfe haben, die ganz einfache Dinge *»zom verrecka«* umständlich und unverständlich ausdrücken können. Man will halt dabei sein in den heiligen Hallen der großen Philosophen. »Wer sind wir Schwaben denn und wenn ja, wie viele?« Ja geht's noch? Es ist doch eigentlich ganz einfach *»bei ons dahoim«*. These: »Schwätz schwäbisch!« Antithese: »Die meisten Menschen weltweit können kein Schwäbisch.« Daraus folgt die schwäbische Synthese: *»Die's net könne, sollet Gosch halta ond net so bleed gucka mit ihre groſʒe Glotzbebbel.«* (Personen, die dem Schwäbischen nicht mächtig sind, sollen schweigen und versuchen, ihre Ignoranz nicht durch die schiere Blödheit ihrer Blicke noch zu verstärken.) Zurück zum klaren Wort. Wie heißt es so schön und in der Zwischenzeit auch wieder so richtig? Kenner trinken Württemberger. Davon gibt es leider viel zu wenig. Ich meine von den Kennern, nicht vom Württemberger. Davon gibt es eigentlich genug. Manche sagen auch viel zu viel. Das ist niederträchtig und böse. Dagegen hilft eigentlich nur ein Melchinger Kurzgedicht, sehr frisch, »*a bissele*« fromm, saumäßig fröhlich und ganz frei von der geprüften Schwabenleber weg: »Die Katastrophe mit dem Klima ist für den Württemberger prima!« Aber wenn es auch wärmer wird und die Gletscher schmelzen, der Wein im Schwabenland hat und behält schon seine markanten Eigenheiten. Aber nur Mut und immer munter drauflostrinken: »*Hoch dr Kolba, nai dr Zenka, morga mias mr Wasser trenka.*« (Hoch das Glas, hinein die Nase, morgen müssen wir Wasser trinken). Gibt es irgendwo auf der Welt einen vernünftigeren Trinkspruch?

Beginnen wir mit einer Eigenheit, die man sehen kann, auch wenn man einfacher Biertrinker ist. Die Trollingerhänge findet man ja sogar mitten in der Landeshauptstadt. Sie nannte sich selbst einmal »Weltstadt zwischen Wald und Reben«. Wald und Reben sind geblieben. Der Anspruch auf Weltstadt ist verschwunden. Das war dann doch einige Nummern zu groß. Gerüchte sprechen von einer geheimen Umfrage, die die Landesregierung in Auftrag gegeben haben soll. Es wurde unter anderem die Frage gestellt, welche Stadt in die folgende Auflistung nicht hineinpasst: Shanghai – Berlin – Paris – New York – Rio – Stuttgart – Sydney – Los Angeles? Die Begründungen waren unterschiedlich, die Antwort immer gleich. Es war nicht New York, so viel sei verraten.

Schade eigentlich, aber das Desaster nach der großen Olympiabewerbungseuphorie hat schon Risse im schwäbischen Selbstbewusstsein hinterlassen. Wir können alles, außer Hochdeutsch. Und außer Olympischen Spielen. Na ja, jedenfalls hat man uns Schwaben gerade in Deutschland die Organisation von Olympischen Spielen nicht zugetraut. Vielleicht war man auch nur neidisch auf unsere wirtschaftlichen Erfolge. Die Zeitungen haben voller Schadenfreude geschrieben, wir sollen weiter gute Autos bauen, und zum Trost für die schmähliche innerdeutsche Abstimmungsniederlage hat man uns die Ausrichtung des einen oder anderen Musikantenstadels versprochen. Schließlich haben wir gegen die Cellistenelite aus Leipzig verloren. Unser Stuttgarter Oberbürgermeister hatte da aber auch keine faire Chance. Wie soll man Cello spielen mit einem fetten Gips am Arm?

Zum guten Schluss waren wir unserem etwas ungelenk daherkommenden Rathauschef aus der Landeshauptstadt sogar irgendwie dankbar. Seine spröde Bewerbungsrede ohne cellistische Begleitung verhinderte weitere kostenintensive Bemühungen in den nächsten internationalen Qualifizierungsrunden. Wir bekamen zwar Olympia nicht nach Stuttgart, aber dafür haben wir auch saumäßig viel Geld gespart. Und damit wären wir auch schon bei einer Kardinalfrage angelangt. Was ist dem Schwaben wichtiger? Olympische Spiele oder Sparen? Der Schwabe löst den scheinbaren Widerspruch auf, in dem er den olympischen Geist mit etwas Geiz verbindet. Dabei sein ist alles. Wo auch immer.

Falls die Abstimmungsniederlage doch Gram erzeugt haben sollte, konnte man diesen im Trollinger ertränken. Dem Herrn Oberbürgermeister hätte man ein Gläschen oder auch zwei vor seinem Auftritt gewünscht. Zum Lockerwerden. Auch sternhagelvoll besoffen kann man wahrscheinlich eine Bewerbungspräsentation für die Ausrichtung von Olympischen Spielen nicht schlechter machen.

Wein gab und gibt es auf jeden Fall noch genug. Dafür selbst mitten im Schwabenland immer weniger Kenner. Es ist ja auch nicht so einfach. Kenner wird man trollingertechnisch erst nach gefühlten schätzungsweise vierzigtausend Viertele. Wir müssten und könnten ja mehr Werbung machen für unseren Trollinger. Aber wollen wir das überhaupt? Wir trinken ihn lieber selber. Baden-Württemberg hat bundesweit den höchsten Weinkonsum pro Kopf. Oder pro Leber, wie man es nimmt. Also lassen wir es mit der Werbung. Wir warten lieber noch darauf, dass irgendein VfB-Urgestein nach einer weiteren deutschen Fußballmeisterschaft den Ball im Aktuellen Sportstudio direkt vom trollingergefüllten Viertelesglas in ein Loch in der Torwand nagelt, wie seinerzeit der oberbayrische Kaiser Franz vom schäumenden Weizenglas aus. Wir wollen aber auch gerne zugeben, dass der Herr Beckenbauer bei großen Feiern ein unschlagbarer Meister im Löchertreffen ist. Erst wenn Buffy Ettmayer mit gewonnener Meisterschale unter dem Arm den Ball mit der Hacke vom Weinglas ins obere Torloch der ZDF-Torwand zwirbelt, ja, erst dann wird die geschundene VfB-Seele ihren Frieden mit dem ungeliebten FC Bayern München machen. Nicht einen Tag früher. Mit irgendwelchen blöden Unentschieden in der Allianz-Arena wollen wir uns schon lange nicht mehr zufriedengeben.

Aber bleiben wir beim Trinken. Es ist ein saublödes Gerücht, dass die Weinkenner dieser Welt unseren Trollinger verachten und das Gesicht zu einer Grimasse verziehen, wenn sie auf den Geschmack unseres schwäbischen Lieblingstropfens angesprochen werden. Die schlichte Wahrheit ist, dass wir unseren eigenen Wein, wie oben schon erläutert, lieber selber saufen und niemandem in dieser Welt verkaufen wollen. Schon gar niemandem, der von so einem wunderbaren Gottesgeschenk keine Ahnung hat. Also ganz einfach gar niemandem. Wir wollen auf jeden Fall vermeiden, dass unser Trollinger das gleiche Schicksal erleidet wie der französische Bordeaux in Shanghai oder der italienische Barolo sonst irgendwo in Asien. Dieses affenteure Zeug wird dort sehr gern mit Eiswürfeln und Coca Cola den regionalen Geschmacksbedürfnissen angepasst. Das geschieht diesen hochnäsigen, großkopfeten und überheblichen Modewinzern aus Resteuropa ganz recht. Unseren so bekömmlich leichten Trollinger darf man gerade im Sommer gern auch einmal kühl trinken, aber mit Eiswürfeln und pappsüßer Amibrause wollen wir unser Viertele nicht in Berührung bringen. Schorle geht schon, aber bitte nur mit saurem Sprudel im Viertelesglas mit grünem Henkel.

Jetzt bloß keine Missverständnisse, *saurer Sprudel* hat nichts, aber rein gar nichts mit Zitronengeschmack, Sprite, Zucker oder Ähnlichem zu tun, sondern ist Mineralwasser mit kräftiger Kohlensäure. Saurer Sprudel eben. Wir wollen auch keine Experimente mit unserem Trollinger in Nordrandrestdeutschland. Womöglich kommen sie irgendwo im Ruhrpott irgendwann doch noch auf den Geschmack, saufen sich dann mit unserem guten Wein all die Vizemeisterschaften von Schalke 04 schön, versauen uns hier daheim am Neckar die Preise – und zum guten Schluss taufen sie womöglich die Veltins-Meister-der-Herzen-Arena noch in Trollinger-Glückauf-Kampfbahn um.

Das wollen wir nicht. Der Trollinger hat zwar wegen seines relativ geringen Körpers nur eine sehr begrenzte Lagerfähigkeit, aber das macht gar nichts. Wir Schwaben wachsen an den Aufgaben, die uns das Schicksal nun mal stellt. Was getrunken werden muss, wird eben getrunken. Aber deswegen weggeben?

Nein, das wollen wir nicht. Der Trollinger bleibt genauso hier wie der Lemberger. Erstens, weil wir da eigen sind, zweitens, weil wir aus dem Lemberger in der Zwischenzeit sogar international beachtete Spitzenweine produzieren und vor allem drittens, damit wir genügend von beidem haben, um Trollinger-Lemberger zu machen.

Zugegeben, diese Mischung ist nicht gerade der Höhepunkt südgermanischer Weinkultur, und man darf ruhig auch feststellen, dass ein eleganter Cuvée irgendwie anders aussieht und vor allem definitiv anders schmeckt. Aber da gibt es etwas, was wichtiger ist. Wir mögen Trollinger mit Lemberger, und es gefällt uns sogar, wenn die anderen das so gar nicht verstehen können. Das Zeug passt auf jeden Fall granatenmäßig gut zum sauren Wurstsalat mit viel Zwiebel und schwarzer Wurst. Genauso wie der ebenso gewöhnungsbedürftige Schwarzriesling.

Ich ahne Missverständnisse. Der saure Wurstsalat wird natürlich nicht mit Mineralwasser angemacht, sondern mit viel Essig und Öl. Saurer Sprudel und saurer Wurstsalat sind zwei grundverschiedene Dinge. Aber muss man eigentlich alles erklären? So etwas weiß man halt. Da könnte man sich doch gerade den Verstand wegtrinken. Mit Trollinger, eigentlich nie mit Bier.

Auf Schalke bekämpft man Fußballenttäuschungen und Gehirnzellen in der Regel mit Pils. Aber nur, weil wir hier im Schwäbischen gerne Wein trinken, soll bloß keiner glauben, gutes Bier gibt es nur nördlich des Mains. Es gilt das Gleiche wie für den Wein, schwäbische Biere findet man kaum im Ausland, also in Köln oder Hamburg oder so. Was nicht heißt, dass es sie nicht gibt. Beim Bier sind allerdings auch wir Schwaben nicht mehr so überzeugt davon, dass alles in unseren Flaschen auch wirklich von schwäbischer Machart ist. Beim Bier gibt es viele Fragen. Wo kommt das Zeug letztendlich her? Welche Volksgruppe weiß schon hundertprozentig sicher, ob das berühmte lokale Bier nicht in Wirklichkeit von Heineken oder Carlsberg durch eine unterirdische Pipeline von einer gigantischen Megabrauerei herübergepumpt wurde.

Trinken wir also lieber Most, da sind wir noch ziemlich sicher, dass die Äpfel und Birnen von unseren Bäumen kommen. Von den sogenannten Streuobstwiesen. Viele behaupten, man trinkt das Zeug nicht wegen des Geschmacks, sondern nur wegen der Wirkung. Es gibt einen »*rechten Ballen*«. So umschreibt man hier den Rauschzustand nach ein paar Gläsern zu viel. Der Kopf nimmt gefühlsmäßig die Größe und Form eines gepressten Strohballens an. Mit ähnlicher Hirnkapazität. Einfach mal ausprobieren. Dabei aber streng nach dem schwäbischen Grundsatz verfahren: »*An halber Balle isch glatt nausgschmissnes Geld.*«

Preiswert ist das Getränk in der Regel, was sich positiv auf den Konsum auswirkt. Most ist durch seine günstige Preisstruktur für die Schwaben auf allen Ebenen des menschlichen Zusammenseins einsetzbar. Unsere französischen Nachbarn erzählen uns gern, wie sie die Damen ihrer Begierde langsam entkleiden und zum Auftakt eines exzessiven Liebesspiels in Champagner baden. Ein erotischer Traum, dem sich auch der schwäbische Mann nicht entziehen will, allein es stellt sich dem Schwaben die Frage: »Geht das auch mit Most?«

Die Schwaben trinken gerne Schorle. Weil sie aufpassen wollen, dass sie nicht zu viel Alkohol trinken. Weil sie so mehr Flüssigkeit bekommen. Weil die Kohlensäure erfrischt. Das haben Sie aber jetzt nicht geglaubt, oder? Die Schwaben trinken Schorle, weil man mehr kriegt für das gleiche Geld. Ganz einfach. Und weil die dazu passende oberste schwäbische Trinkregel ganz einfach lautet: »*Zom Durscht darfs gar net erschd komma.*« Vor zu großem Durst fürchten sich die Schwaben mehr als vor dem Teufel. Dem aus der Hölle. Muss man ja dazusagen in Baden-Württemberg, sonst glaubt noch jemand, wir könnten uns auch vor ehemaligen Ministerpräsidenten fürchten. Das war dem Papst überlassen. Allein die Schlagzeilen der Presse müssen ihn aufgeregt haben: »Teufel beim Papst.« Am Schluss siegte das Gute: »Papst gewählt. Teufel tritt zurück.«

Den Schwaben war es eigentlich egal. Hauptsache, nicht durstig: »*Durscht isch schlemmer als Hoimweh!*« Deswegen mag man es, viel zu bekommen für das Geld, das man auf den Holztisch legt. Oder aufs Resopal. Hält länger und ist besser zum Putzen.

Es ist dem Schwaben egal, aus welchem Material der Tisch ist, das Glas muss ein Viertelesglas und die Mindestgetränkemenge darin ein Viertelliter sein. 0,2-Liter-Gläser werden nur unter Protest geleert, der Gebrauch von 0,1-Liter-Gläsern in einer Wirtschaft muss gut begründet sein oder führt zum sofortigen Gaststättenboykott durch alle Echtschwaben. Das gilt für Wein und noch klarer für ein Schorle. Süß oder sauer, Schorle weiß und Schorle rot, Most als Bowle und auch mit Sprudel. Obwohl Most eigentlich ein Getränk ist, das man sehr gut pur trinken kann. Einen rechten Most trinkt man folglich von Wasser unbelästigt. Klar bis glanzhell soll er sein, in der Farbe grüngelb bis goldgelb. Er soll mild nach einem erkennbaren Obst duften, soll spritzig und süffig sein. Mit fünf bis sechs Prozent Alkoholgehalt darf man schon ein paar Gläschen trinken, bis der genannte »*Ballen*« kommt. Wenn es die Frau genehmigt und die allgemeine Lage es zulässt. Wie klagt der Durst leidende Gatte: »*Alle merket, wenn i bsoffe ben, abr koiner merkt, wenn i Durscht han.*«

Im Schwabenland hat aber alles seine Zeit und seine Ordnung. Als der Bauer Karl von nebenan im Sterben lag, bat er seine Frau, ihm noch einmal aus dem Keller ein

Glas Most zu bringen mit dem sicherlich vollkommen begründeten Hinweis: »*Aber bitte unverdünnt, mit mir gohds z'End!*«

Die Antwort seiner ihn durchaus liebenden und ihn auch treu umsorgenden Ehefrau entsprach der tiefen schwäbischen Grundauffassung, dass man sich auf das konzentrieren soll, was man gerade schafft, und sich bloß nicht verzettelt: »*Jetzt wird ned gsoffa, Karle, jetzt wird gstorba!*«

Schwäbisch Unproblematisches #3

Saumäßig gut: schwäbische Weine

Ich selbst war lange Zeit der Meinung, Weine müssten aus Frankreich sein oder, besser noch, aus Italien. Gerne aus Spanien oder auch – und das zuzugeben tut richtig weh – aus Österreich. Die Alpenrepublik hat in den letzten Jahren sehr wohl gelernt, dass Wein etwas ganz Besonderes sein kann. Selbst Argentinien, Südafrika und Kalifornien präsentierten für mich die besseren Weine, ja sogar der eine oder andere Neuseeländer hatte es mir angetan. Bloß keine Württemberger. Nicht über meine Lippen.

Es schüttelte mich nahezu, wenn ich den schon immer bescheuerten und nach vielen Jahren darüber hinaus auch noch abgedroschenen Werbespruch der größten Winzergenossenschaft nur leise in einem weit entfernten Radio hörte oder das dröge, blödgesichtige Trinkmännchen irgendwo auf einer Plakatwand auf mich herunterglotzen sah. Kenner trinken eben keinen Württemberger. Das war lange Zeit meine tiefe und feste Überzeugung. Württemberg lag in meiner persönlichen Weintabelle irgendwo in der dritten Liga auf einem Abstiegsplatz, gerade noch vor China, aber schon weit hinter Kanada.

Bis mir eines Tages ein lieber und eben auch weinkennender Freund eine Flasche Lemberger aus Vaihingen an der Enz hinstellte und wieder verschwand, ohne etwas zu erklären. Ich hatte unseren wochenendlichen Kochplan schon auf Gulasch umgestellt, um das Vaihinger Zeug irgendwie sinnvoll zu verbrauchen, ohne es wegschütten zu müssen. Denn das tun wir bekanntermaßen im Schwabenland eigentlich nie gern. Wegschütten, meine ich.

Eine liebe Tante von mir, die uns sicherlich nicht vergiften wollte, servierte der lieben Familie einmal einen Käsekuchen mit dem selbstverständlichsten aller möglichen schwäbischen Kommentare: »Die Katze hat die saure Milch nicht mehr getrunken, aber beim Käsekuchen macht so etwas nichts! Die restlichen Zutaten waren ja in Ordnung.« Oder auf gut schwäbisch: »*Sach isch ja drenn!*« Und so, wie wir mit der Milch umgehen, so halten wir es auch mit dem Wein. Irgendwie kriegt man den immer den Hals runter: »*Der Durscht treibts nai, der Geiz bhälts drin!*« Und der Rausch ist von einem schlechten Wein mindestens ebenso gut oder wenigstens nicht viel schlechter als von einem »Château Lafitte«. Und wenn wir Schwaben dann im Delirium noch ans gesparte Geld denken, ja dann ist der Rausch sogar noch viel besser.

Das ist aber kein Grund, das gute Gulasch kaputt zu machen. Damit das teure Fleisch nicht durch einen allzu schlimmen »*Semsakrebsler*«, sprich Billigfusel, versaut wird, nahm ich vorher einen Testschluck. Aber hoppla, welch positive Überraschung! Ein richtig guter Wein, der nicht unbedingt in einem gewöhnlichen Gulasch verschwinden sollte. Wenn man ihn schon zum Kochen nimmt, dann doch nur für ein ganz besonderes und sehr weinlastiges »*Boeuf Schwabenois*«. Nun doch ein intensiver Blick auf das Etikett: »2000er Lemberger aus dem Holzfass vom Steinbachhof in Gündelbach«. Ein heller, leichter Wein mit einem gehörigen Duft nach reifen Kirschen und einer feinen, aber nicht zu durchstechenden Barriquenote. Ein ausgezeichneter Wein mitten aus dem Schwabenland.

An diesem Tage änderte sich meine Einstellung zu schwäbischen Weinen von Grund auf. Der schwäbische Lemberger, den ich eigentlich immer nur als unsäglichen Cuvéepartner für den Trollinger wahrgenommen und missachtet hatte, überzeugte mich in seiner reinen Form. Schon vorher war ich begeistert von den winzerischen Kreationen dieser Traube, wusste aber nicht, dass der »Blaufränkische«, der mir in Österreich immer besser gefiel, eigentlich nur ein anderer Name ist für ein und dieselbe Traubensorte. Wir machen es also unseren Nachbarn nach. Wenn dabei tolle Weine herauskommen, tut das auch gar nicht weh. Im Gegensatz zu Cordoba, das sticht immer noch.

Na ja, dafür wissen wir aber aus neuesten Geheimberichten, wie die Österreicher Marmelade herstellen. Heimlich. Sie drücken Berliner aus. Nichts für ungut.

Schreiben wir lieber über Wein. In den nächsten Jahren machten uns auch die nachfolgenden Jahrgänge dieses Vaihinger Fassweins Freude, durchaus auch schon einmal gekühlt getrunken. Und Freude macht uns Schwaben darüber hinaus, dass dieser Wein und seine anderen Steinbacher Brüder noch bezahlbar sind und wohl auch bleiben. Aber habe ich wirklich Ahnung?

Lassen wir einen echten Fachmann sprechen, Stuart Pigott in der FAZ: »Der Lemberger trocken, im Holzfass gereift, vom Weingut Steinbachhof im württembergischen Gündelbach hat eine ausgeprägte Würze, die an Wacholder erinnert, eine saftige Frucht und eine animierende Säure. Ein optisch leichter Rotwein von erstaunlicher Ausdrucksstärke.«

Nun gut, keine Kirsche, wie von mir herausgeschmeckt, sondern Wacholder. Das liegt bestimmt am anderen Jahrgang, so daneben kann ich gar nicht liegen. Schließlich trinke ich ganze Flaschen bis zu meiner Urteilsverkündung und spucke nie etwas aus. Aber Herr Pigott ist eben Weinpapst und ich maximal protestantischer Traubenministrant. Was soll's, für den Steinbachhof alles in allem ein starkes Lob aus berufenem Munde.

Außer gutem Wein gibt es rund um den Steinbachhof herrliche kleine Wanderrouten, einen Badesee, gute Wirtschaften mit württembergischen Weinen – natürlich hauptsächlich vom Steinbachhof (Landgasthof Lamm, um nur eine zu nennen). Und auch Vaihingen an der Enz mit seiner beschaulichen Altstadt ist einen Besuch wert, schließlich war mein Großvater dort Bahnhofsvorsteher.

Aber ob das für Sie ein Grund ist? Vielleicht eher, dass der Steinbachhof seit 2010 eine neu gestaltete Feldscheuer hat. Oder soll man besser sagen: »Festscheuer«? Heiraten kann man dort, aber auch folgenlosere Angelegenheiten feiern. Übernachten kann man ebenfalls, was wollen Weintrinker mehr?

Weingut Steinbachhof
Hofgut Steinbachhof 1
71665 Vaihingen/Gündelbach
Tel.: 0 70 42 / 2 14 52
www.weingut-steinbachhof.de

Der guten Vollständigkeit halber und um den Einführungszeilen dieses Buches gerecht zu werden sei gesagt, dass mein Großvater mütterlicherseits aus Beuthen in Oberschlesien kam. Weinqualitativ gesehen eindeutig der mit Abstand schlechtere Ort, aber sonst auch eine sehr schöne Gegend und jeden Besuch wert.

Aber zurück zu den Schwaben. Württemberg wird eindeutig von den Roten dominiert. Man geht davon aus, dass sie bei sechzig Prozent liegen, manche Fachleute sprechen gar von über siebzig Prozent. Damit gilt das Schwabenland als die Hochburg der Roten. Nein, ich spreche nicht von der Politik. Bei allen selbst gemachten Problemen der konservativen Parteien auch in Baden Württemberg, bevor die roten Politiker und Parteien in Württemberg bei sechzig oder gar siebzig Prozent landen, lernt Günther Oettinger perfekt Englisch, wird der VfB dreimal hintereinander Champions-League-Sieger und die Olympischen Sommerspiele finden in Vaihingen an der Enz statt. Und zwar alles gleichzeitig.

Aber die Dinge sind in Bewegung. Der »Wind of Change« zieht wie ein Tornado durch das Schwabenland, lässt manchmal Bäume stehen, wo sie eigentlich weg sollten, und drückt ganze Bahnhöfe von oben nach unten und dann wieder nach oben, man wundert sich, dass überhaupt noch Züge fahren. Die Ministerpräsidentenfrisur blieb erst mal ähnlich, nur der Ranzen wurde dicker und das Gesicht unter der Fönwelle feister. Oettinger suchte Energie, Mappus brachte selbige und verbrauchte sie recht schnell, ohne dass es warm um ihn wurde. Rot siegte bei den Landtagswahlen, obwohl sie vom tiefsten Ergebnis bei der Wahl zuvor noch einmal Prozente verloren. Das verstehe, wer will. Es sind die zwei großen Mysterien der schwäbischen Welt. Flaschenfarben mühselig trennen und danach wieder zusammenschütten. Dichter Schwabennebel senkt sich über die Sinnhaftigkeit dieses Tuns. Aber eine andere neurotisch-zwanghafte Fingerübung schlägt alles. Das ist eindeutig das Victory-Zeichen von Sozialdemokraten nach Landtagswahlen in Baden-Württemberg. Warum nur? Wir schauen interessiert auf die nächsten Wahlen und fragen uns, ab welcher einstelligen Prozentzahl die SPD ihrem Spitzenkandidaten den Zeige- und Mittelfinger abhackt.

Es grünt so grün. Gerade in der Politik. Schwarz ist zwischendurch mal weg. Rot war nie da und darf jetzt trotzdem mal mitspielen, wer in der Opposition schon so viele Stimmen verliert, braucht die Regierung nicht mehr zu fürchten. Schlimmer geht es nicht.

Gehen wir aber lieber wieder weg von der Politik und der Aussichtslosigkeit sozialdemokratischer Spitzenkandidaten bei den hiesigen Landtagswahlen, beschäftigen wir uns noch ein paar Gedanken lang mit Wein.

Von den 13 Weinanbaugebieten in Deutschland ist Württemberg das einzige, das mehr Rotwein als Weißwein produziert. Vernatsch ist die mit Abstand am meisten angebaute Rebsorte, es gibt aber auch viel Blaufränkischen und Pinot Noir. Sie haben von diesen Rebsorten im Zusammenhang mit Württemberg noch nie gehört?

Na ja, die Schwaben haben den Weinen natürlich schwäbische Namen gegeben. Trollinger, Lemberger und Spätburgunder klingen schon vertrauter, sind aber im Prinzip das Gleiche.

Die Württemberger Weinmacher haben sich in der Zwischenzeit Respekt verschafft. Sie überraschen immer wieder mit hochkarätigen Gewächsen. Es lohnt sich, den Württembergern eine Chance zu geben. Man kann sie gar nicht alle nennen, die Spitzenwinzer mit ihren herausragenden Kompositionen und die jungen Weinkünstler, die den alten Muff aus den Kellern treiben und mit vielen Ideen Neues schaffen. Rainer Schnaitmann, Jochen Beurer, Karl Haidle, die Ellwangers aus Winterbach, Ernst Dautel, Hans-Peter Wöhrwag, Gert Aldinger und wie sie sonst noch heißen, sie sind alle einen Besuch und vor allem einen Schluck wert. Es gibt viele mehr, sie sind hier nicht genannt, aber die Weinkenner werden sie mit Sicherheit finden. Die württembergische Weinlandschaft ist nicht nur schön, sondern mittlerweile auch interessant und spannend. Es gibt viel zu entdecken.

Machen Sie doch einfach mal eine Weinbergwanderung mitten durch Stuttgart und lernen Sie von den fachkundigen Kellermeistern der Stadt, dass man mitten in einer Großstadt mit Rebstöcken nicht nur die Landschaft vor Bebauung schützen kann, sondern auch ganz anständige Weine hinbekommt. Selbst der »*Semsakrebsler*« bekommt hier eine neue Bedeutung.

Wenn jetzt noch zwei Weinmacher besonders hervorgehoben werden, dann hat das mit ihrer Weinqualität zu tun, aber eben auch mit anderen Besonderheiten.

Helmut Dolde aus Linsenhofen im Kreis Esslingen zum Beispiel produziert als Hobbywinzer ganz außergewöhnliche Weine zu fairen Preisen, und er tut dies auf dem höchsten Weinberg Württembergs und dem immerhin zweithöchsten in ganz Deutschland. Oder liegt der höchste doch auch in Württemberg? Oder schon in Baden?

Wer weiß das eigentlich so genau? Geografen schätzen mehr, als dass sie messen. Was Helmut Dolde zugegebenermaßen geärgert hat. Er hat deshalb sogar nachgemessen. Sagen die Gerüchte. Was dabei herausgekommen ist, könnte man ihn fragen. Aber man kann es auch bleiben lassen. Wenn man auf seinem Weinberg spazieren geht, sieht man auf jeden Fall das Schild: »Höchster Weinberg Württembergs, 530 ü.N.N.« Er hat es nicht selbst hingestellt. Es war irgendein Gemeindeverein. Aber der Landschaftsschützer Dolde weiß sehr genau, dass noch weiter oben Trauben in unseren Breitengraden nicht mehr reif werden. Es sei denn, die globale Erderwärmung macht irgendwann einmal Weinanbau in Alaska möglich. Ganz nach dem bereits genannten schauerlichen Motto: »Die Katastrophe mit dem Klima ist für den Württemberger prima.« Natürlich auch für die skandinavischen Winzer. Wenn der Barolo dann mal aus Grönland kommt, ja dann werden auch die Doldes mit ihren Weinreben noch ein Stück nach oben klettern können.

Doldes Bergwein ist nicht nur durch die Anbauhöhe etwas Besonderes, er schmeckt auch wunderbar. Die Höhenluft und die dazugehörende Sonne scheint den Trauben gut zu bekommen, die verschiedenen Böden tun ein Weiteres dazu. Sein Silvaner machte ihn erstmals bekannt, jetzt gibt es auch einen beachtlichen Spätburgunder. Wie stand es richtig in der Stuttgarter Zeitung? »Mit Leidenschaft, Fachwissen und Hartnäckigkeit hat Helmut Dolde viel erreicht. Seine Weine werden in der Zwischenzeit in den besten Sternelokalen kredenzt.«

Ganz nebenbei. Der Blick von Helmut Doldes Weinbergen auf den hellen Stein des Hohenneuffen ist schlicht sensationell, und wer keine Trauben mehr trinken will, der greift eben zu »Asecco« oder »Bisecco«. Perlwein von Äpfeln oder von der Champagner-Bratbirne, gar nicht so übel, aber für die echten Weintrinker wohl kaum überzeugend, die werden sich immer den außergewöhnlichen Silvanern widmen.

Hedwig und Helmut Dolde
Beurener Straße 16
72636 Frickenhausen-Linsenhofen
Tel.: 0 70 25 / 49 82
eMail: doldewein@gmx.de
www.doldewein.de

Ein allerletzter Winzertipp sei noch gestattet. Und ein Appell an Ihren Mut. Alles sehr subjektiv, aber das haben Tipps und Appelle ja nun mal so an sich. Hüten Sie sich vor Leuten, die Ihnen ganz objektive Ratschläge geben wollen. Also, geben Sie dem roten Zeug aus den Literflaschen eine Chance. Trinken Sie ein echtes Viertele. Aus dem richtigen Glas mit Henkel. Ich meine, der sollte grün sein, aber das ist selbst unter Schwaben umstritten. Verlassen Sie Württemberg nicht, ohne dem Trollinger einen Schlotzabend gewidmet zu haben. Ja, genau, trinken Sie das schwäbische Nationalgetränk nicht, »*schlotzen*« Sie es. Sie werden schon herausfinden, wie das geht. Möglicherweise werden Sie zum obsessiven »*Vierteleschlotzer*«, dann können Sie nicht mehr ins Bett gehen, ohne vorher geschlotzt zu haben.

Schlotzen kann man den Trollinger in jeder Art. Leicht gekühlt oder eben in Zimmertemperatur, was immer das ist, beim Trollinger geht alles. Mit Mineralwasser zur Schorle vermischt oder besser unverdünnt, ganz wie Sie mögen. Falls der Hunger sich zum Durst gesellt, passt der Trollinger sehr gut zu einem rustikalen Vesper, am besten bei untergehender Sonne auf einer schönen Terrasse mit Blick auf einen württembergischen Weinberg. Es gibt in der Zwischenzeit viele Winzer, die ordentliche Trollinger herstellen. Auch die Eißlers vom Steinbachhof zum Beispiel, aber die kennen wir ja schon.

Wenn der abschließende Trollingertipp ganz bestimmten, anderen Weingütern gewidmet ist, dann ist das eine Verbeugung vor dem weiblichen Charme der sogenannten »Trollinger-Evas«. Aber natürlich auch vor deren Kompetenz und vor allem vor deren Weinen. Frauenpower pur! Der Erfolg spricht für sich. Beim Trollingerwettbewerb 2010 haben die innovativen Winzerinnen wieder die vorderen Plätze belegt. Besonders die Trollinger von Sabrina Roth aus Happenbach und von Margret Kuhnle aus Weinstadt-Strümpfelbach spiegeln die altbekannten Stärken dieser etwas anderen Traube hervorragend wider. Aber man bemerkt auch den Trend zu mehr Alkohol, mehr Farbe und mehr Tannin. Gute Tropfen zur empirischen Grundlagenforschung über die schwäbische Vierteleskultur (www.der-trollinger.de). Wenn du in Rom bist, mach es wie die Römer. Wenn du in Schwaben bist, mach es wie die Schwaben. Trink Trollinger!

Der Höhepunkt eines Besuchs im Schwabenland ist sicherlich das Viertele aus dem Fass in einer schwäbischen Dorfwirtschaft. Man sitzt nach dem Vesper da, versucht zu schlotzen, lauscht den Schwaben, versucht zu verstehen und muss feststellen, dass Schwäbisch nicht einfach ist und die Leute nett, aber »*oiga*«. Mit jedem Glas versteht man mehr. Denkt man jedenfalls. Man prostet den Schwaben zu und ziert das Heben des Vierteles mit Worten der Verbundenheit. Die urschwäbische Antwort scheint ein wenig barsch, kommt aber von Herzen: »*Sem mr zom Schwätza do odr zom Trenka?*«

Schwäbisch Verschiedenes

und doch noch ein Abschied

Nein, wirklich nicht, im Schwabenland wird nicht mehr und nicht weniger gestorben als zum Beispiel im Rheinland oder bei den Hessen. Im Durchschnitt weder mehr noch früher und vom Prinzip her aber doch seit Menschengedenken immer noch grundsätzlich alle und jeder. Gerüchten zufolge soll es auch in ausländischen Gebieten ähnlich sein. Hört man so. Obwohl es in jeder dieser Regionen Menschen gibt, die letztere Unausweichlichkeit für sich selbst bezweifeln. Im Schwabenland wahrscheinlich ein paar mehr als woanders in deutschen Gefilden. Wegen der schwäbischen Hartleibigkeit. Manche Schwaben gelten gerade deswegen als schwer verwesbar.

Von einem eher dünnwandigen Hessen zum Beispiel findet man fünf Jahre nach seiner Beerdigung in der Regel nur noch ein paar Knöchelchen, bei manchem eben hartleibigen Schwaben sieht es nach der gleichen Zeit so aus, als wäre er gerade »*ins Näscht naigläga*«. Bloß schnarchen tut er nicht. Aber der Hauptgrund für das Weiterlebenmüssen ist ein anderer. Wer soll bloß das ganze Zeug schaffen, wenn man selbst nicht mehr ist? So mancher Schwabe vermutet schon, dass die eigene Unsterblichkeit für den Rest der Menschheit durchaus von Vorteil wäre. Was ihn nach Lage der historischen Erkenntnisse zumindest auf eine Bewusstseinsstufe mit dem ersten Kaiser von China stellt.

Der wollte nämlich auch unsterblich sein, und als er merken musste, dass dies selbst beim allmächtigen Kaiser vom Reich der Mitte eventuell schiefgehen könnte, und seine ganzen Wundermittel ihn eher töten würden als länger leben lassen, da befahl er, dass man vor seiner letzten Ruhestätte eine gewaltige Tonarmee aufstellen sollte, die ihn nach seinem leider wohl doch unvermeidbaren Ableben für alle Ewigkeit beschützen sollte.

Die Archäologen sind fest davon überzeugt, dass auch irgendwo im Schwabenland eine unterirdische Terracotta-Armee die Ersparnisse eines wohlhabenden Landwirts beschützt, der seinen nichtsnutzigen Nachkommen diese ehrenvolle Aufgabe nicht zutraute. Genaue Zahlen sind schwer zu ermitteln, aber gerade im chinesischen Riesenreich und auf der Schwäbischen Alb gibt es heute noch viele Leute, die sich einfach nicht vorstellen können, dass es auch ohne sie geht. Es müssen nicht immer Maultaschen sein, wenn man über die schwäbisch-chinesischen Gemeinsamkeiten diskutiert.

Aber es stimmt schon, es wird in auffällig vielen Kapiteln dieses Buches am Ende so ein bisschen rumgestorben. Vielleicht liegt das daran, dass ein Sterbender gerade am Ende seines Lebens dasselbige eben aus einem ganz besonderen Blickwinkel heraus betrachtet, und seine spezifischen Besonderheiten und Eigentümlichkeiten in diesen finalen Momenten des irdischen Daseins noch ein letztes Mal besonders stark hervortreten. Was nicht nur für den Abreisenden zutrifft, sondern auch für die schließlich zurückbleibenden Begleiter auf diesem Weg. Auch sie stehen im Regelfall vor einem dramatischen Wendepunkt in ihrem Leben und reagieren deshalb ebenfalls auf eine besondere Art und Weise. Simone de Beauvoir hat ein dickes, äußerst umstrittenes, aber auch schonungsloses Buch über ihren Abschied vom sterbenden Jean-Paul Sartre geschrieben. Das Schwabenland wartet noch auf ein solch grundlegendes literarisches Werk über den schwäbischen Tod und seine Umstände. Mögliche Buchtitel hat man schon vor Augen: »*Jetzt mach doch net so an Zirkus*« oder »*Andere hends doch au gschafft*« – und dann wäre da noch die Metropolenversion für die Stuttgarter Leser: »*Willsch etwa warten, bis dr VfB mal wieder gwennt, oder wie hemmers jetzt?*«

Das Leben beginnt mit der Geburt oder genauer gesagt mit der Zeugung. Es endet mit dem Sterben und dem Tod. Beide Lebensabschnitte sind für Schwaben mit Schaffen verbunden. Mit einem großen Unterschied. Nach der Zeugung artikuliert er das Schlusswort selber: »*Sodele, jetzetle, des wär amol wiedr gschafft.*«

Am Ende des Schwabenlebens lautet dieses Schlusswort gleich, nur muss es ein anderer sprechen. Aus diesem Grund und zur Abwechslung soll der Tod in diesem Abschnitt einmal mehr am Anfang eines Kapitels stehen. Vielleicht gibt uns das Sterben auch eine bessere Idee vom Leben. Vielleicht tut es aber ja auch nur gut, ein wenig über das Ende nachzudenken, solange man noch Zeit dafür hat. Es folgen einige Schlussbetrachtungen mit der notwendigen Muße, bevor der Sensenmann unüberhörbar an unsere Lebenstür klopft.

Nur um mögliche Missverständnisse zu vermeiden, soll es gern noch einmal erwähnt werden. Der Autor dieser Zeilen beharrt trotz aller verwirrenden Erkenntnisse fest darauf, dass der Tod auch im Schwabenland ans Ende des Lebens gehört.

Dort scheinen die Schwaben eine gewisse finale Grundlässigkeit zu erfahren, die sie gern, oft auch lachend, mit Begleitern teilen. Er liegt im Sterben und seine Frau rückt nicht von seiner Seite. Sie besprechen die familiäre Finanzsituation, und der Sterbende gibt seiner voraussichtlich weiterlebenden Gattin noch einige hilfreiche Spartipps für die ihr noch verbleibenden Lebensjahre. Er scheint von der Hoffnung beseelt zu sein, dass sie noch ein paar Euro mitbringt, wenn sie ihm irgendwann in die ewigen schwäbischen Jagdgründe nachfolgen wird. Während er schwer atmend in seinen letzten Lebenszügen noch einmal über die Vorzüge der vernunftgeleiteten Sparsamkeit referiert und ihr klarzumachen versucht, dass die schwäbische Sparsamkeit auch vor Särgen nicht haltmachen sollte, blättert sie bereits in vorauseilender und liebender Übereinstimmung mit dem dahinscheidenden Gatten diskret im neuesten Katalog eines bekannten Bestattungsdiscounters unter dem Motto: »Leben mit Ikea, Sterben mit uns! Nutzen Sie die Vorzüge der Family Funeral Card und der Happy Hour, nur für Klubmitglieder: zwei Särge zum Preis von einem inklusive zwei Hotdogs und einem Kiddy-Teller Kötbulla mit Ketchup so viel man will.«

Der liebe Gott nimmt uns alle auf in seiner barmherzigen Güte, er verlangt keinen mondänen Blumenschmuck auf der bitte schön sehr schlicht gehaltenen Kiste für den Transport unter die Erde: »*Ond ziesch mr au mai alde Gardehos an für en dr Sarg nai, no kann I die wenigschdens no ordentlich ufftrage.*«

Kreise schließen sich, dieses bereits hinlänglich erläuterte zentrale Schlüsselwort schwäbischen Daseins kommt auch in den letzten Lebensstunden zum Tragen. Selbst der Tod vermag nicht an den unerschütterlichen Grundsätzen einer schwäbischen Existenz zu rütteln. Komme jetzt bloß keiner mit dem ungehörigen Hinweis darauf, dass der sterbende Schwabe doch gar nicht mehr auftragen müsste, weil er die besseren Hosen ja eh nicht mehr brauchen würde. Solch ketzerische Andeutungen stören die schwäbische Liturgie. Ein Schwabe ruht in sich selbst und in seiner alten Gartenhose. Was ja auch die adäquate Kleidung wäre, um »die Radieschen von unten zu betrachten«. Und gegebenenfalls gartentechnisch unterstützend von unten einzugreifen.

Seine Frau ist gedanklich wahrscheinlich auch bei den Radieschen, was aber eher essensplanerische Gründe hat. Ihr geht wohl die Frage durch den Kopf, ob sie den Kartoffelsalat beim Leichenschmaus mit den beliebten roten Rettichkugeln dekorieren soll oder ob vielleicht frische Petersilie auch reichen würde. Die sprießt gerade im Garten wie Unkraut und sollte unbedingt verbraucht werden. »*Es wär alleweil wirklich schad drom.*«

Ganz von organisatorischen Fragen gefangen genommen, schaut sie ihren sterbenden Mann derweil schweigend an, und man weiß nicht so genau, ob sie ihm vor lauter zu klärender Bestattungsfragen überhaupt noch zuhört oder schon wo ganz anders ist. Wenn man das Essen im Proberaum des Gesangsvereins abhält, muss man dann das Besteck selber mitbringen? Und wie sieht es aus mit den Tischdecken? Kaffee und Kuchen sollten auch da sein. »*Des g'heert sich oifach so.*«

Am besten wäre ein Beerdigungstermin am Donnerstagnachmittag, so die prägnante Logik des Sterbenden, weil der Pfarrer an dem Tag nichts zum Schaffen hat und eh bloß rumsitzt. Aber es ist gar nicht so sicher, dass man diesen Termin noch schafft, wenn sich die Hauptfigur in der ganzen Geschichte nicht allmählich beeilt oder »*a bissele noora macht*«, wie man so sagt im Schwabenland. Hoffentlich regnet es während der Beerdigung nicht, »*sonsch trägsch dr ganze Soich ens Audo nai*«. Welchen Wein schenkt man aus? Auf jeden Fall wird man den teuren Lemberger nach hinten räumen, »*zom d' Leich nontertrenka langt au der furznormale Trollinger, nach zwei Viertele merket die eh nix mee. Hoffentlich vergesset se net, wieso se do senn*«.

Ihre einzige direkte Anmerkung zum Abschiedsmonolog ihres Gatten ist geprägt von einer zupackenden Vitalität, gepaart mit vorausschauender Zukunftsplanung, weiblicher Intuition, emotionaler Intelligenz und philosophischer Fundamentalität. Wir Männer aus dem Schwabenland erstarren hier vorübergehend nahezu vor Ehrfurcht. Wenn wir Glück haben. Wenn wir Pech haben, erstarren wir für immer, weil wir tot sind.

Es ist ein Vorschlag, wie er wohl in seiner alternativlosen Art nur von einer gestandenen schwäbischen Frau kommen kann: »*Jetzt stirbsch erscht mol, ond no säh mr weiter!*«

Schwäbisch Listiges #2

Was man machen muss, um es wirklich zu wissen

1 Bienzle und Hannelore in einem schwäbischen Tatort gucken und einen Vermieter kennenlernen, der in wunderbarster Art und Weise jedes Vorurteil über uns Schwaben mit großer Schauspielkunst bestätigt.

Bienzle alias Dietz-Werner Steck und sein alter Gegenspieler Rominger alias Werner Schultheiß führen ihre Dialoge meistens im Treppenhaus. Auf knarrenden Holzstufen prallen dort zwei urschwäbische Charakterköpfe aufeinander, wie sie gegensätzlicher nicht sein könnten. 25 Tatort-Folgen gab es bis 2007, dann beschlossen dunkle Rundfunkmächte das Aus für Bienzle und nannten es Beförderung in den verdienten Ruhestand. Schwäbische Fernsehzuschauer nennen es bis heute Beförderung des Gebrauchs der hochdeutschen Sprache am Sonntagabend bei gleichzeitiger Vernichtung des schwäbischen Dialekts. Der schwäbische Columbo und »*sei*« Hannelore sind der ideale Einstieg in das

Nachdenken über die Schwaben. Bitte nicht mit Popcorn und Cola, sondern mit ein paar »*Rädle*« Schwarzwurst und einem Viertele Schwarzriesling. Der geht aber wirklich nur zum Fernsehen!

Um es zum Abschluss ganz in der schwäbischen Wortfolge zu erwähnen: »Dem Bienzle sein Kittel und sein Hut« wurden an einen besonderen Nagel gehängt. Diese Markenzeichen kann man seit Februar 2007 im auch sonst sehenswerten Haus der Geschichte in Stuttgart bewundern. Welcher Mantel schafft es schon ins Museum?

Gehen Sie hin, gucken sie Kittel und erleben Sie eine hochinteressante Ausstellung über die Geschichte von Baden und Württemberg. Auch ohne Bindestrich ein Museum nicht nur für Regentage.

2 Samstags um die Mittagszeit einen original Wertstoffhof besuchen und das Wort Trennung in all seinen Schattierungen erfahren.

Man trennt sich vom Müll, den man aber wiederum vorher nach Material und Farben trennt. Manchmal trennt man sich im Überschwang des Müllwerfens aus Versehen auch vom Autoschlüssel. Das führt zu Konflikten mit den Trennsheriffs, da der Schlüssel aus Metall und Plastik besteht, aber oft im Papiercontainer verschwindet oder im Behälter für Verbundstoffe. Das geht nun mal gar nicht. Zur Strafe gibt es mindestens den bösen Blick der Müllpolizei.

Die Auseinandersetzungen mit dem Gatten am Mobiltelefon sind aber oft noch schlimmer. Man kann hier viel lernen über schwäbische Schimpfworte und Flüche, manchmal kann man auch zuschauen, wie ein schwäbischer Nervenzusammenbruch aussieht. Wenn allerdings Mann nicht so trennt wie Frau will, dann trennt sich manchmal auch Frau von Mann. Aber so richtig. So eine Trennung nennt man dann Scheidung. Wenn der Tatort am Sonntag einem Softporno gleicht, dann ist der Wertstoffhof am Samstag heftigstes Hardcore.

3 »Kenner trinken Württemberger« mit Bernhard Hurm und Uwe Zellmer anschauen und hören.

Ersatzweise auch Folge zwei, am besten alle beide, wenn es irgendwie geht, dann live auf der Bühne, die CD nimmt man anschließend als Erinnerung mit nach Hause, hört sie dann zwanzig Jahre jeden Tag drei Mal und versteht im zwanzigsten Jahr vielleicht ein Drittel. Man kann auch einfach zu den »Melchingern« im Theater Lindenhof gehen oder sie mit einem ihrer wunderbaren Theaterstücke sonst irgendwo auf Tournee genießen. Schwäbisches Mundarttheater vom Feinsten mit dem kleinen Problem eben, dass Nichtschwaben nichts verstehen werden. Ziemlich wenig wäre hier schon viel.

Den Schwaben gefällt es, das Thaddäus-Troll-Programm wurde schon weit über tausend Mal aufgeführt und wird mit jedem Mal besser. Für die Schwaben. Die Nichtschwaben verstehen mit jeder Aufführung noch weniger und erfahren dadurch, wie es ist, wenn man noch weniger als nichts versteht.

4 Weltweihnachtszirkus auf dem Cannstatter Wasen anschauen.

Und sich vorstellen, der Herr Ministerpräsident wäre ein echter Fürst, seine Gattin Gracia Patricia, der Bodensee das richtige und nicht nur das schwäbische Meer, der Strand läge gleich hinterm Breuninger und die Zielgerade der Formel 1 vor dem Bahnhof und die würde – je nachdem und auch ähnlich wie in Monaco – eventuell bald unterirdisch liegen, dann wäre Stuttgart wirklich nah dran an Monaco.

Das Zirkusfest von Monaco kann heute schon nicht toller sein als das, was die Zirkuswelt den Stuttgartern und ihren Gästen um die Weihnachtszeit herum bietet. Die Artisten bekommen zwar keine silbernen und goldenen Clowns, dafür aber den frenetischen Applaus des immer begeisterungsfähigen Stuttgarter Publikums. Was ist da schon ein Clown dagegen?

5 Kirschblüte und Rostbraten im Remstal erfahren, erwandern und genießen.

Dort hinter Stuttgart, am Daimler dann »*dr Buckel nuff*« und an der schon von weiter Ferne zu sehenden imposanten Grabkapelle auf dem weinumrankten Württemberg vorbei, wo man erkennen kann, wie gar nicht geizig, besser gesagt ausgesprochen großzügig schwäbische Männer ihre geliebten Frauen zur letzten Ruhe betten. Warum auch immer.

Vom Kappelberg, dem hohen Eingang zum Remstal, kann man dann –wie meistens der FC Bayern in der Tabelle – auf den VfB und sein neues Stadion hinunterschauen.

So fährt man ins Remstal, wo die Weinberge üppiger werden, die Landschaft grüner und die Autos vor der Garage vornehmer. Weil dort tut man besonders gerne »Häusle bauen«, aber nur, wenn man es sich leisten kann.

Schön ist es, gute Luft gibt es, auch viele Wirtschaften und guten Wein, sodass man herfährt, wenn man sich schon das »Häusle bauen« hier nicht leisten kann. Für einen Rostbraten und ein Viertele vom Fass wird es schon reichen. Die wunderbare Kirschblüte gibt es umsonst, wenn man zur rechten Zeit kommt.

6 Schramberger Fasnetshöhepunkt im Schwarzwald: »Da-Bach-na-Fahrt« am Rosenmontag.

Wer tief davon überzeugt ist, dass man die närrische Zeit nur in Köln genießen kann, der hat noch keine Fasnet im Schwarzwald erlebt. Um es klar zu sagen: Der Bollenhut, egal ob rot oder schwarz, ist definitiv kein Faschingshut, sondern ein Ganzjahresreifen.

Die »Bach-na-Fahrt« aber, oder besser gesagt der tollkühne Husarenritt mit selbst gebastelten, vollkommen TÜV-prüffreien Kähnen einen eiskalten Bach hinab, ist eine Kultveranstaltung, die man nicht verpassen sollte. Reservierte Plätze gibt es keine, dafür meistens tiefgefrorene Zehen für die jedes Jahr mitfeiernden und zitternden um die 30.000 begeisterten Zuschauer. Wenn man bedenkt, was bei den Hauptakteuren so alles abfrieren kann, dann ist das schon in Ordnung mit den Zehen.

Die Rituale sind unveränderbar, die Fahrer schreien am Start ein mutiges oder besser gesagt ein sich selbst Mut machendes »Kanal«, die Zuschauer brüllen ein »voll« zurück, das an Zweideutigkeit nichts zu wünschen übrig lässt. Sagen wir es einmal so: Die »Bach-na-Fahrt« in Schramberg ist keine Werbeveranstaltung für Clausthaler, das steht mal fest. Spätestens an der Schwierigkeitsstufe »saubrutal« erfüllt sich dann auch das Schicksal eines jeden Bachkapitäns mit dem finalen Schlachtruf »Patsch« und der zuschauerlichen Erwiderung »nass«.

7 Entspannen im Merkelschen Bad in Esslingen, in einer der wohl schönsten Badeanlagen ganz Deutschlands.

1907 als eines der ersten öffentlichen Bäder eröffnet, war es eine Rarität und ist es heute noch. Jugendstil in Verbindung mit modernster Technik. Ruhe, Entspannung, Gelassenheit. Denkmalpflege, die man aktiv genießen kann. Immer einen Besuch wert. Ein Gegenpol zum Schickimickitreff in den Schwabenquellen. Um die Forschungsarbeiten rund um den Schwaben als solchen voranzubringen, kann man ja hier wie dort in die Sauna gehen und einfach auch mal nackte Schwaben angucken. Dabei kann man dann zur eigenen Beruhigung feststellen, dass die Unterschiede zu anderen europäischen Volksgruppen im normalerweise verhüllten Bereich doch eher marginal sind. Die Unterschiede, nicht der Mittelpunkt der Betrachtung. Der ist, na ja, insgesamt betrachtet, auch eher von überschaubaren Maßen.

8 Klosterkirche von Zwiefalten und Stiftskirche in Stuttgart an einem Tag besichtigen.

Mit schwäbischem Mittagessen und Fasswein auf der Alb und abends mit dem besten Sushi Deutschlands im Stuttgarter Feinkost-Böhm mit einer Flasche Chablis (sorry, sehr unschwäbisch, passt aber saugut). Zwei Gotteshäuser, wie sie unterschiedlicher nicht sein könnten, Bienzle und sein Vermieter in Form zweier Kirchen sozusagen. Vielleicht zeigen diese beiden Kirchen mit den jeweiligen Mahlzeiten dazu besser als jede gesprochene oder geschriebene Erläuterung, wie unterschiedlich das schwäbische Dasein aussehen kann.

9 Die Stuttgarter Markthalle, das schwäbische Eldorado für Hobbyköche und Gourmets.

Besuchen, schauen, staunen, schnuppern, Appetit kriegen und um Gottes willen nur nicht nach den Preisen fragen. Den Vorurteilen nach müsste hier jeder Modellgeizschwabe beim Anblick der Preisschilder sofort in eine tiefe Ohnmacht fallen und im Sauerstoffzelt wiederbeatmet werden. Aber Geiz kommt nicht in die Markthalle. Den geben die Schwaben draußen in der Vorurteilsaufbewahrung ab. So mancher hat ihn dort schon völlig vergessen, er geht dann nach einer gewissen Zeit ins städtische Fundbüro, und wenn er dort nicht vom rechtmäßigen Besitzer innerhalb eines Jahres abgeholt wird, dann wird er meistbietend versteigert. Meistens geht die Fundsache dann in andere Bundesländer. Die sind anscheinend ganz heiß auf vergessenen Geiz aus dem Schwabenland.

Kaufen Sie in der Markthalle ein wie fast alle Schwaben und verlangen Sie immer »*des do*« und korrigieren Sie ein falsches »*des?*« ruhig mit einem energischen »*noi, des danäba*«. Danach geht es mit schon ziemlich vollen Taschen zum »Böhm« am kleinen Schlossplatz, um vollends all das zu kaufen, was man ernährungsmäßig so bestimmt überhaupt nicht braucht. Nach dem Mittagessen, das es dort natürlich auch gibt. Kleiner Tipp: Wer hier mit leerem Magen bummelt, kann schnell sehr viel Geld ausgeben.

Eine andere Möglichkeit für Besucher von auswärts: Schauen Sie doch beim Fundbüro vorbei, vielleicht gibt es dort leihweise etwas schwäbischen Geiz mit einem Tagesleihschein. Der Schwabe beim Einkauf im Böhm hat auf jeden Fall den Geiz irgendwo liegen gelassen.

10 Alles lesen, was der ehemalige Oberbürgermeister von Stuttgart jemals geschrieben hat.

Es gibt einfach nichts Besseres, Klügeres, Gehaltvolleres und sprachlich Schöneres, das in jüngerer Zeit über das Schwabenland geschrieben wurde. Vielleicht spielt nur noch Thaddäus Troll in dieser Liga. Manfred Rommel ist ein waschechter Schwabe – und was für einer. Er hat über viele Jahre die Geschicke der Schwabenmetropole gelenkt und dabei ganz nebenbei unzählige kluge, aber auch lustige Bücher über seine Heimat geschrieben. Ein gescheiter Kopf. Ein großer Mann. Einfach alles lesen, was Sie von ihm in die Finger bekommen.

Bei Manfred Rommel ein abschließender Satz in eigener Sache. Wegen Plagiat und so. Das hier ist zwar keine Doktorarbeit, aber vielleicht finden sich ja doch fünf Bayreuther Doktorväter, die meine Schwabenerforschung mit summa cum laude bewerten wollen. Denen und allen anderen Lesern sei gesagt: Ich habe viel, eigentlich fast alles von Manfred Rommel gelesen, und zwar mit hohem Genuss und großem Erkenntniswert. Ich habe nicht von ihm abgeschrieben. Auf jeden Fall nicht mit Absicht. Ich habe seine Bücher aber fast auswendig gelernt. In Kopf und Herz aufgenommen. Und gebe viele seiner Geschichten und Gedanken weiter. Ich hoffe sehr, das ist ihm recht. Wenn Sie die Seiten dieses Buches lesen, lesen Sie viel von ihm.

Schwäbisch Dankendes

und die drei Schiffbrüchigen

Lieb Heimatland, magst ruhig sein. Meine Angst vor einer öffentlichen Vierteilung hält sich in Grenzen. Ich baue auf den Humor der Schwaben und auf ihre wunderbare Fähigkeit, herzhaft über sich selbst lachen zu können. Sie werden mir nicht böse sein. Da bin ich ganz sicher.

Na ja, nicht ganz sicher. So ziemlich sicher.

Wegen dieser kleinen unwesentlichen Einschränkung bedanke ich mich schon mal prophylaktisch bei allen schwäbischen Lesern. Für das Interesse. Die Toleranz. Den Großmut. Die Nachsicht. Die Großzügigkeit. Ja, ganz richtig gehört, ich bedanke mich für diese ganz spezielle schwäbische Großzügigkeit, die man eigentlich nicht so einfach beschreiben kann. Eine Großzügigkeit, die nicht nach Dank schreit. Den Dank sogar eher scheut.

Der Schwabe hat es einfach nicht so mit dem Dank. Auf jeden Fall mit dem normalen Dank: »*Scho rächt.*« Das gilt schon als ekstatisch. Lob macht ihn misstrauisch: »*Net gschempft isch fai gnug globt.*« (Nicht geschimpft zu haben, ist Lob genug!)

Den nicht schwäbischen Lesern danke ich für ihren Mut,

sich ohne Netz und doppelten Boden in das schwäbische Mysterium zu stürzen. Für die Verwegenheit, schwäbische Sequenzen zu lesen und nicht zu verstehen. Sie noch einmal zu lesen und sie immer noch nicht zu verstehen. Sich klar zu werden, dass sie vieles in diesem geheimnisvollen Schwabenland nie verstehen werden. Und sich dann trotzdem mutig in das schwäbische Abenteuer zu stürzen und mit der Zeit sogar zu genießen. Helden braucht die Welt, echte Männer, die sich nicht vor Kutteln fürchten, Frauen, die sich den Rätseln der schwäbischen Küche stellen.

Es lohnt sich, denn eines ist klar, trotz oder gerade wegen solcher Sachen wie Kutteln ist das Schwabenland Genussland, vielleicht ist das im Buch manchmal nicht deutlich genug geworden. Das Schwabenland ist das schönste meiner Heimatländer. Es sei gerne noch einmal gesagt.

Wir Schwaben mögen unsere Mitmenschen. Egal, woher sie kommen. Wir sind auch anhänglich und treu. Die abschließende Geschichte zeigt dies mehr als deutlich. Es geht um schwäbische Dankbarkeit. Es gibt sie nämlich überraschenderweise doch. Aber sie ist anders, ganz, ganz anders.

Ein Kölner, ein Berliner und ein Stuttgarter sind nach einem verheerenden Schiffbruch auf einer einsamen, unbewohnten Insel gestrandet, wo sie sich Tag für Tag und Nacht für Nacht über Heimat, Fußball, Weltpolitik, Frauen und über die Möglichkeiten ihrer Rettung unterhalten, bis eines Tages eine Flaschenpost an's Ufer gespült wird.

Als sie die Flasche öffnen, entschlüpft ihr eine wunderschöne Fee und bietet den drei Schiffbrüchigen zum Dank für ihre Befreiung jeweils einen Wunsch an. Der Kölner wünscht sich die sofortige Rückkehr in die Heimatstadt, und siehe da, Augenblicke später sitzt er mitten in der Kölner Altstadt, genießt sein frisches Kölsch und ist ganz jeck vor Glück.

Der Berliner will auch schnellstmöglich zurück in sein Berlin, und auch er sitzt einen Moment später in seiner Eckkneipe in Wilmersdorf und freut sich am frisch gezapften Bier. Auch er gerät in einen Zustand der vollkommenen Glückseligkeit.

Nun ist der Schwabe auf der einsamen Insel der Dritte und Letzte, der sich von der lieben Fee einen einzigen, eben auch letzten und unwiderruflich unumkehrbaren Wunsch erfüllen lassen darf. Wie es sich für einen guten Modellschwaben gehört, lässt er sich mit dieser schweren Entscheidung ein bisschen Zeit und fragt zur Sicherheit bei Frau Fee noch einmal nach: *»Des koschtet jetzt abr wirklich nix, odr?«*

Nachdem die Kostenfrage geklärt und der Schwabe sicher ist, dass *»elles omasonscht isch«*, da ist sein Wunsch klar, den er der Fee auch sogleich mitteilt: *»Also ganz ährlich, am liabschda wärs mer, wenn die zwoi andere Kerle wieder do wäret. Mit denne war's eigenlich scho schee! Dät des ganga?«*

Ob sich schöne Wunschfeen manchmal auch wundern, bevor sie zaubern und erfüllen, wissen wir nicht mit Sicherheit. Unsere Flaschenpostfee erfüllt auf jeden Fall auch diesen Wunsch, um dem Schwaben ebenso wie den anderen ihren Dank für die Befreiung aus der Flasche zu bekunden.

Ob der Kölner und der Berliner dem Schwaben für ihren sofortigen Rücktransport auf die gemeinsame Insel dankbar waren, ist nicht bekannt und darf mit Fug und Recht bezweifelt werden. Aber wie haben wir schon zur Genüge festgestellt? Die Schwaben mögen Dank eh nicht so! Gott vergelt's!

Schwäbisch Reimendes

oder Ende gut, alles gut

Wenn man den Versuch startet, das Schwabenland und seine Menschen zu ergründen, zu verstehen, zu beschreiben und in die richtigen Worte zu fassen, ahnt man schon zu Anfang, dass man am Ende scheitern wird. Ende nicht gut, gar nichts gut. Wenn es aber richtig schwierig wird, flüchtet man gerade im Schwabenland gern in den Reim. Mögen mir alle Nichtlyriker diesen Exkurs in die reimende Dichtung verzeihen. »*Mir Ältere meegets halt.*« Wieder einmal ist es Manfred Rommel, der das Vorbild gibt, dem ich nicht genügen werde. Er antwortet auf vieles in Reimform, kokettiert sogar dichtend über die Zahl seiner Ehrungen: »Die Zahl der Titel will nicht enden, am Grabstein stehet: Bitte wenden!« So weit, so kurz und prägnant der Meister selbst. Wir Stümper tun uns schwerer. Egal. Wenn es hinten passt, wird es schon auch vorne stimmen. Eben doch: Ende gut, alles gut.

August Reiff ist Vorzeigeschwabe und macht es kurz und klar: »*Uffrichtig und gradraus, guetmütig bis dortnaus, wenn's sein muss au saugrob, des isch der Schwob!*« Ein bekanntes Gedicht, in dem sich auch die meisten Schwaben wiederfinden.

»Net schlecht!«, würden Sie Herrn Reiff sagen, und der würde sich über das euphorische Lob freuen, so er noch leben würde. Noch kürzer? »Gottes schönste Gabe ist und bleibt der Schwabe!« Das hört man oft in der Mercedes-Benz-Arena. Im Schwabenland sind selbst hartgesottene Fußballfans der Lyrik verfallen. Die machen es vor.

Also, geht doch. Kurz und knackig. Das macht Mut. Versuchen wir uns an der schwäbischen Vollkommenheit und denken wir poetisch im Land der Dichter und Denker: »Wagen wir den Reim, der alles nett zusammenleimt« (das »t« ganz hinten ist jetzt blöd, aber ich krieg es einfach nicht weg. Man spricht hier in Lyrikerkreisen gern von Dichtkunstverhinderungsleim. Aber wie heißt es doch so schön? Aller Anfang ist schwer!): »Des Schwaben Leben und sein Treiben, wollt ich in Buchform euch beschreiben.« Was für ein Anfang. Faustische Dimensionen. »Von Geburt bis hin zum Grabe, schafft und spart der Musterschwabe. Er schlotzt, was andere trinken nennen, auch daran kannst du ihn erkennen. Wenn andre von den Bänken fallen, tut er nicht mal im Ansatz lallen, wenn alle sind vom Weine dicht, reimt er ein nettes Schlussgedicht.« Sehr schön.

Dabei nagen die Zweifel. Bin ich nun ein richtiger Schwabe oder nicht? Mit dem zweiten Lebensjahr aus Niedersachsen ins Schwabenland gekommen. Da nicken doch die meisten, auch die ganz alten Schwaben mit dem Viertele an den Lippen, und erteilen mir den Segen zum Vollschwaben. Die meisten tun es. Nicht alle. Die anderen kommen mit der Katzengeschichte: »*Oins musch dr emmer merka, Kerle. Wenn a Katz em Saustall Jonge hot, no send des no lang koine jonge Säu.*«

Also doch Reingeschmeckter, selbst nach fünfzig Schwabenjahren? Da reimt sich doch gar nichts mehr. Verzwingen wir's halt: »Selbst wenn du grunzt wie hällisch Schwein, schon lang im Schwabenland daheim, du bleibst die Katze unter Schweinen, na gut, so tut es sich denn reimen.«

Ein Schwabe ist, wer Schwäbisch kann! Wenn das mal wirklich so einfach wäre. Wo sind die zugelassenen Prüfungsgremien, die entscheiden dürfen, wer es kann und wer nicht? Wenn ich in nicht schwäbischen Gefilden unterwegs bin, erkennt mich jeder als vorzeigbaren Modellschwaben, der sein uriges Bauernschwäbisch nur mit höchster Konzentration und einigen Schweißperlen auf der Stirn in ein noch immer mit schwäbischen Regionalmelodien behaftetes Tölpelhochdeutsch verwandelt. Bin ich allerdings an einem schwäbischen Stammtisch gelandet, analysiert man mein Schwäbisch als zwar grundsätzlich verstehbar, aber stellt im gleichen Atemzug auch fest, dass eine gewisse sprachliche Fremdpigmentierung nicht zu überhören ist: »*Aber Kerle, des macht fai nix, kosch oineweg sitza blaiba.*« Als Heimatloser ist man da schon sehr dankbar. Aber wie reimt man das zusammen? »Des Schwaben Siegel ist das Wort. Du sprichst es aus, er merkt sofort, ob du ein Schwabe bist, so richtig echt oder nur reingeschmeckt, das wäre schlecht. Ob Schwabe oder keiner, hat einen simplen Grund, wie kommt das Wort gekrochen aus deinem tiefen Mund? Die Sprache teilt die Welt in Schwaben und solche, die es niemals haben, das große Glücksgefühl im Leibe, dass man für immer Schwabe bleibe.«

Doch raus aus der Wirtschaft und hin zu den wirklich wichtigen Themen des Daseins. Die Bewahrung des schwäbischen Kartoffelsalats bewegt Reingeschmeckte ebenso wie Vollschwaben. Soll ich es wagen? Eine dichterische Hymne auf die Mona Lisa im schwäbischen Louvre des Essens. Kann man mit Worten heranreichen an das paradiesische Gefühl körperlicher Befriedigung, wenn diese göttlichen Geschmacksnuancen in den gierigen Schlund unseres verlangenden Körpers hineingleiten? Kann man das Vordringen von Mayonnaise durch Gedichte stoppen? »Salat vom Apfel dieser Erde, auf dass der Schwabe glücklich werde, *a bissle sauer, a bissle schlonzig, so fendets Schwobe oifach bombich!* Wenn Mayo kommt an unsre Rädle, mir sagen Köchin, liebes Mädle, das gelbe Zeug ischt sicherlich, auf Haut gut gegen Mückenstich, man kann damit auch Holz verleimen und nebenbei Gedichte reimen, du kannst es auch auf Pommes schmieren, dann essen und den Tod riskieren, doch wenn Kartoffel wird salatig, dann bleibt die Köchin ganz arg artig, schließt Mayo in den Giftschrank weg, nimmt Essig, Öl zu ihrem Zweck, macht ohne Worte glücklich stumm, Salat von Birnen braun und krumm!«

Wir haben aber nicht nur unsere Gottesgeschenke, wir haben auch unsere Kampfmittelausrüstung gegen fremde Eindringlinge. Wir freuen uns über Besuch, aber wenn wir jemand nicht wollen, dann haben wir so etwas von hinterlistigen Verscheuchungsmethoden, dass wir uns fast selber schämen. Aber nur fast: »Mit den Kutteln kannst du jagen, Fremde aus dem Land der Schwaben. Frotteetücher, Gummimatten, feingeschnitten und entkeimt, welche Freude für den Dichter, Zeile vier und ausgereimt!«

Jetzt aber packt das Schicksal seinen Hammer aus. Der ausgewiesene Langzeitreingeschmeckte, der ich nun mal bin, stellt sich mutig der nahezu unbewältigbaren Herkulesaufgabe einer lyrischen Abschlussbewertung der schwäbischen Beziehung zum Geld. Was reimt sich auf Geiz? Und wie reimt man die Wahrheit in nicht schwäbische Köpfe hinein?

Man befragt das wohl berühmteste Orakel in deutschen Landen: »Spieglein, Spieglein an der Wand, wer sind die

Geizigsten in unserem Land? Das kann man eigentlich ganz klar sagen, das sind die Menschen dort aus Baden. Vielleicht sind es auch die aus Sachsen, mit Geld macht keiner dort gern Faxen. Wenn es sie gibt, die Geiztabelle, dann Schwabe steht an selber Stelle, wo Jahre schon der VfB, seit Meisterschaft mit Armin Veh. Wir dümpeln im Tabellenteich, beim Fußball und im Geizvergleich, im drögen Mittelfeld weit hinter München, das wollen wir nicht übertünchen, was uns beim Fußball bringt zum Kotzen, da wollen wir beim Geiz nicht motzen. Dass Münchner oftmals geizig sind, das weiß grad dort ein jedes Kind, das Geld im teuren Sakko fest verleimt, jetzt endlich hat es sich gereimt.«

Den Nichtlyrikern sei es noch einmal gepfiffen und entreimt. Der Schwabengeiz ist eine große Mär und hat mit der Realität nichts zu tun. Und damit hat es sich. Fertig. Schluss. Aus. Vorbei.

Vorbei? War da noch was? Oh Himmel, bitte nicht: »In meinem Hirn ein großes Loch, zu wenig reimt sich auf die Woch', in der die Schwaben sollen kehren, um liebstes Vorurteil zu ehren, das Fremder hat von jedem Schwaben, der sollte immer einen Besen haben. Die Kehrwoche als höchstes Gut, schürt Fantasien helle Glut, man sieht die Schwaben nur mit Lappen, in jedes Eck des Hauses tappen. Die Kittelschürz mit Reißverschluss, falls man denn einmal lüften muss. Auch sonstig spannende Aktivitäten, mit einem Ratsch schnell klappen täten. Der Schwabe fährt gern zweimal drüber, das ist hygienisch auch viel klüger. Wenn Treppe knarrt und quietscht und schreit, dann ist es wieder mal so weit, die Kehrwochtrepp wird Erostempel, kriegt plötzlich einen Wolluststempel, jetzt macht sich jeder seinen Reim, warum wir Schwaben gern daheim. Jetzt werden Fremde plötzlich wach und wollen Kehrwoch unterm Dach. Sie wollen lernen von uns Schwaben, das ist vernünftig, muss man sagen.«

Wenn die Kehrwoche mit etwas Fantasie zum schwäbischen Exportschlager aufgepeppt werden kann, dann hat sich jeder Reim gelohnt. Und wie schon gesagt, der Schwabe mag Gereimtes, aber er lässt sich nur ganz schwer verreimen. So mögen die letzten Hommelschwabenstrophen auch noch einmal ganz allein dem Leid des Dichters im Land desselben gewidmet sein. Nennen wir es schlicht »Schwabenballaden voll Dichterklagen« oder genauer »Klagenballaden vom Dichterschwaben«. Ein sogenannter »Balladenladen voller Schwabenklagen« wäre natürlich auch gegangen. »Die Schwabenglocke" wäre nicht gegangen. Aber hören und lesen Sie selbst mit einem letztmaligen »Mea culpa« an alle verundichteten Freunde des Ungereimten.

Den Schwaben deuten Schicht um Schicht,
versucht ich mutig mit Gedicht.
Obwohl, man weiß doch ganz genau,
aus Schwaben wird kaum einer schlau.
Oh Gott, es ist fast nicht zu schaffen
Auf Schwaben sich den Reim zu machen.
Rein lyrisch ist es schwer mit Schwaben,
als Dichter musst du Nerven haben.
Du kannst den Schwaben nicht verpacken,
in Zeilen, Worte ohne Macken.
Beim Sammeln seiner Wesenszüge,
sucht man den Reim, dass er sich füge.
Doch wenn du denkst, jetzt wird es wichtig,
dann passt das Wort nicht wirklich richtig.
Bei Faust sucht man den Kern im Pudel,
der Schwabe sucht mit Wein und Sprudel.
Nach sieben Viertel Schorlewein,
wird Wahrheit edel schwäbisch rein.
Mit Trollinger als Fundament,

der Dichter keine Grenzen kennt.
Wenn Opa »100« wird und Papa »50«,
stehn Schwabendichtersterne günstig.
Bei Hochzeit und auch Konfirmantenfeier,
sucht Schwab den Reim wie Aas der Geier.
Selbst auf dem letzten Weg zum Grabe,
gibt's Dichtertrost als letzte Gabe.
Der Schwabe mag es gern poetisch,
der Wörter Klang so rein phonetisch,
scheint ihm ganz arg am Herz zu liegen,
dafür kann man schon Wahrheit biegen.
So denk, falls du nicht bist von Schwaben,
daran, stets ein Gedicht parat zu haben.
Im schlimmsten Fall droht Gästebuch,
für manchen Gast ein rotes Tuch.
Doch du hast dein Gedicht dabei,
bleibst lässig und ganz sorgenfrei.
Wirst Held der Schwaben sein und dekoriert
mit Kuttelkranz nett ausgarniert.

*S*chwäbisch Listiges #3

Welche Schwabenworte man schon deshalb kennen sollte, weil sie eine prekäre Bedeutungsvielfalt besitzen

1 **Der »*schwäbische Fuaß*«**

... ist eigentlich ein schlechtes Beispiel für die Überschrift, denn die Bedeutung von »*Fuaß*« in der schwäbischen Sprache ist keineswegs vielfältig, sondern eindeutig und klar. Der *Fuaß* geht von der Zehenspitze bis so ungefähr ziemlich genau rechts und links irgendwo und nicht zu weit unterhalb des Bauchnabels. Mehr gibt's dazu auch nicht zu sagen. Basta!

2 **Die »*schwäbische Kartoffel*«**

... ist noch so eine Sache, die nicht zur Überschrift passt, denn es geht um ein und dasselbe Ding, wenn auch um verschiedene Sorten. Von denen ich aber wenig bis gar keine Ahnung habe. Es geht um die Kartoffel, die man auch tief im Schwabenland so ähnlich nennt: »*Kaardoffl*«. Aber eben auch ganz anders. »*Aibiera*« oder »*Krombiera*« zum Beispiel, gerne auch »*Erdepfl*« oder »*Herdepfl*«. Viele Wörter für eine Sache, die von

Waldensern aus dem Piemont mitgebracht wurde und erst einmal einfach Viehfutter war. Bis zur Erfindung des schwäbischen Kartoffelsalats. Vom Stalltrog zum Schwabentrüffel in die Sonntagsschüssel. Die Knolle ist somit das Paradebeispiel für eine ganz steile schwäbische Karriere.

3 Der »*schwäbische Lomba*«

... ist das erste Paradebeispiel für die gefährliche Mehrdeutigkeit des Schwäbischen. Es gibt »*Lomba*« zum Putzen, Wischen und Kehrwoche machen. Solche »*Lomba*« kann man kaufen oder aus abgetragenen Kleidern, noch besser aus sich auflösender Unterwäsche zurechtschneiden.

Diese »*Lomba*« sollen der Grund dafür sein, dass schwäbische Hausfrauen sliptechnisch gesehen nicht zu zwar erotischen, aber eben viel zu stoffarmen Tangas tendieren, sondern eher zu großflächigen Liebestötern. Gerne aus weißem Doppelripp. Da kann man dann bessere »*Lomba*« draus machen. Was bei der zweiten Bedeutung des Wortes auch immer versucht wird, aber meistens nicht gelingt. Die klare Mehrheit dieser Menschen-*Lomba* sind furznormale *Reckslomba*.

Um solche »*Lomba*« sollte man einen Bogen machen und sie doch genauer benennen: »*Lombamensch, Lombakerle, Lombaseggel*« oder gern auch im schwäbischen Plural »*Lombagsindl oder Lombapack*«. Und aus so einem normalen 08/15-»*Lomba*« machst du nie einen besseren »*Lomba*«, da rettet auch die Unterhose nichts. »*Lomba bleibet Lomba*«, so oder so.

Dreckige »*Lomba*« kann man in die Waschmaschine schmeißen, im schmutzigsten Fall bei 90 Grad,

»*Dreckslomba*« passen gar nicht durchs Loch. Das ist halt, zusammen betrachtet, »*a ganz schees Lombaglomp*«.

4 Manchmal kann man die Bedeutungsunterschiede

... nicht erklären, vor allem, wenn das Wort zweimal doppelt direkt nebeneinandersteht, dazu noch in den beiden verschiedenen Bedeutungen. Sprachliches Verwirrbeispiel, das in der Realität niemals vorkommt?

Urteilen Sie selbst, vorausgesetzt, Sie verstehen es. Ganz kurz, ganz richtig und voll aus dem Leben gegriffen.

Der Dialog des Handwerksmeisters auf dem Weg zur Baustelle mit seinem Gesellen.

»*Hemmer Hämmer?*«

»*Hämmer hemmer!*«

5 Wie sehr man sich im Schwäbischen missverstehen kann,

... zeigt ein weiteres sehr plastisches Beispiel. Bei einer Fahrzeugkontrolle stoppen die Beamten einen Pkw, in dem neben dem Fahrer ein ganzer Stall voll Hennen herumflattert, die aus allen Schnäbeln in ohrenbetäubender Lautstärke krähen und deutlich machen, dass ihr kleines Hennenhirn nicht den blassesten Schimmer davon hat, warum sie in tiefer Nacht durch die Gegend fahren müssen.

Die Beamten fragen den Fahrer, warum er um diese Uhrzeit Hennen herumfahren würde.

Der sichtlich alkoholisierte Hennenchauffeur lallt die letzten Worte, bevor ihn der Rausch ohnmächtig neben seiner Hennenschleuder zusammenbrechen lässt: »*M... M... Meine Kumpels hänn gsagt, wenn i so viel gsoffe hätt wie du, no dät i henne rom fahra!*« (Meine Kumpels haben gesagt, wenn sie so viel gesoffen hätten wie ich, dann würden sie es bevorzugen, eine abgelegene Strecke hinten herum zu fahren!)

Das ist das eine große Hennenmissverständnis, das andere erschließt sich dem sprachlich Interessierten beim Studieren von Unfallprotokollen. Immer wieder kann man lesen, dass der arme Fahrer zum Beispiel habe ausweichen müssen »*wäge zwei so daube Hennana*« (zwei blöde Weiber), die aber definitiv keine Federn hatten. Sonst wären sie ja auch weggeflogen. So aber lernen wir wenigstens den schwäbischen Plural von »Henne« kennen. Ist doch auch was!

6 Man kann jemanden

... in den Himmel oder – eine Nummer kleiner – auf den Thron heben. Es geht dabei eigentlich immer um eine Bewegung nach oben.

Wenn man mit einem Kumpel einen heben geht, ist es mehr als wahrscheinlich, dass die letzten Körperbewegungen wohl nach unten zeigen könnten, doch vorher ist auch hier die Hauptbewegung des zu Ende gehenden Tages das Heben von Gläsern aller Arten Richtung Mund. Auch hier ist es eindeutig: Das Heben ist immer eine Bewegung nach oben.

Im Schwäbischen sieht das anders aus, und dieser Bedeutungsunterschied kann zu lebensgefährlichen Situationen führen. Wenn der Meister die Leiter hinaufklettert, verlangt er von seinen Lehrbuben die notwendige Sicherung: »*Hebat amol die Leiter.*«

Was bei Jungschwaben funktionieren sollte, nämlich die schlichte Stabilisierung der Leiter durch Halten, kann bei reingeschmeckten Nordlichtern dazu führen, dass sie versuchen, den Chef mitsamt der Leiter anzuheben. Bestimmt nicht einfach, der Situation gegenüber keinesfalls angemessen, aber sprachlich absolut korrekt. Von der schwankenden Leiter herunter hört man den verzweifelten Meister in großer Not: »*Heba sollet ihr se, net lupfa!*«

7 Was denkt ein Hotelmitarbeiter

... an der Rezeption eines etwas feineren Hotels irgendwo in einer dialektfreien Region Deutschlands, wenn der Schwabe spätabends noch einmal aus dem Zimmer herunterkommt und für sein Weib nach einem »Teppich« fragt, den er noch gerne auf seinem Zimmer hätte. Der Hotelangestellte fragt nicht die schwäbische Frage und wundert sich nur über die vorgetragene Bitte. Was will ein Hotelgast mitten in der Nacht mit einem zusätzlichen Teppich, und noch schwieriger die Frage: ›Wo bekomme ich um diese Zeit noch einen Teppich her?‹

Wäre der nette Mann an der Rezeption dem Schwäbischen mächtig gewesen, hätte seine Frage anders ausgesehen: »*Zom druff rom dappa odr zom zudegga?*«

Der Schwabe oder eben besonders seine Gattin decken sich gern mit einer Extradecke zu, mit einem »*Deppich*« halt. »*Warum au net, wenn's oin friert?*«

8 Wenn man im restlichen Teil Deutschlands

... von »Guck« spricht, dann ist das im Regelfall eine imperative und unmissverständliche Aufforderung, genauer hinzuschauen und die Besonderheiten um einen herum auch wirklich wahrzunehmen. Ganz anders hier im Schwabenland.

»*Wellet se a Gug?*« ist die Frage nach einer Tüte, um die Einkäufe darin zu verstauen.

Die Stuttgarter Nachrichten haben sogar die Herkunft des Wortes »*Gug*« ausfindig gemacht und bewiesen, dass in allen Schwaben sprachlich gesehen ein kleiner Lateiner sitzt. »*Gug*« kommt von »*cucullus*« und bedeutet – man mag es kaum glauben – Tüte.

9 Die Nummer 8 drehte sich um die schwäbische Tüte

... und auch die Nummer 9 ist ein Behälter, aber einer der ganz anderen Art.

In einer Kapsel kann man etwas backen, ein Brot zum Beispiel. Das ist dann ein Kapselbrot, wenn es fertig ist. So weit sehr logisch. Man kauft beim Bäcker dann auch »*a Kapsel bitte*«. Aber da ist noch mehr als unser tägliches Brot.

Gut, heute nehmen die Astronauten in komfortablen Raumfähren Platz, aber davor klemmten sie sich in Kapseln. Wie das Brot halt. Man kann bei Krankheit Medizin in Form von Tabletten einnehmen. Oder eben Kapseln. Der Mensch hat Kapseln für Gelenke, manche Blumen für die Samen. In Japan schlafen sie manchmal sogar in Kapseln. Man kann es kaum glauben.

All diese Bedeutungen von Kapsel kennen die Schwaben auch, und je nach Blickwinkel machen sie natürlich »*Käpsele*« draus.

Wenn ein junger Mann von den Alten zum »*Käpsele*« ernannt wird, dann hat dies aber eine besondere Bedeutung. Ein *Käpsele* ist ein kluger Bursche. Ja, und dann ist da noch, last but really not least, die bei Kindern so beliebte »*Käpselespischdol*«, mit der man durchaus echt wirkende Schussgeräusche nachmachen und bei Erwachsenen einiges bewirken kann. Tobsuchtsanfälle, Nervenzusammenbrüche, flehendes Wimmern und beachtliche Sonderzahlungen für Waffenruhe. Was Kapseln doch so alles bewirken.

10 Manchmal vergisst auch ein erfahrener Reiseleiter,

... dass das Schwäbische eine eigenständige Sprache mit ganz besonderen Worten ist und man chinesisches Englisch bei einer Braunschweiger Reisegruppe schon ins Deutsche und nicht ins schönste Süddeutsch übersetzen sollte. So geschehen im Huating Sheraton Hotel in Shanghai.

Der Hotelmanager erklärt mir: »*You can drink the water out of the tap, it's purified.*«

Ich übersetze der Reisegruppe signifikant schwäbisch: »*Sie kennet des Hoohnewasser trenka*« und ernte Blicke, die als große Fragezeichen durch den Raum schaukelten. Ich korrigiere sofort meine Intonation ins geforderte Hochdeutsch. »Sie köööönnen das Haaahnenwasser trinken« und bin bitter enttäuscht, als ich feststellen muss, dass sich die Fragezeichen entschlossen haben, meine linguistische Paradevorstellung noch nicht zu verlassen.

Es dauert lang, bis ich begreife, dass Hahnenwasser für Braunschweiger ein Fremdwort ist, egal, wie klar ich es ausspreche. Das Wunderwort heißt dort »Leitungswasser«.

Was ja auch wirklich schwer zu verstehen ist – die trinken doch auch aus dem »*Hoohna*«, oder etwa nicht?

Schwäbisch Entmischtes

und ein Ende mit Schrecken

Am Ende des Schreibens steht man immer noch vor einigen ungelösten Fragen, die unausgesprochen eigentlich am Anfang des Buches standen, aber irgendwie niemals so richtig beantwortet wurden. Gibt es auf diese Fragen vielleicht gar keine eindeutigen Antworten? Geht der Schwabe in ein Buch und wenn ja, in welches? Gibt es den reinen und unverfälschten Schwaben überhaupt noch und wenn ja, wo steckt er und wie viele gibt es? Falls wir ihn lebend nicht mehr finden, gab es ihn denn jemals? Wo findet man ihn dann? Stuttgart hat ein herausragendes Völkerkundemuseum mit allen ethnischen Gruppierungen dieser Welt, aber wo sucht man dort, im berühmten Lindenmuseum, den Schwaben? Wie sieht er aus? Findet man ihn in einer Vitrine oder davor? Stirbt er gar aus und ist es wie immer bei solchen Katastrophen, die Menschheit schaut weg und so nimmt das Drama seinen Lauf? Einmal nicht aufgepasst und schwupp sind sie weg, die Schwaben?

Oder ist es doch ganz anders und die Schwaben sind putzmunter und sehr lebendig? Tun nach außen ganz unschwäbisch auf schickeriamodern mit mondänen Anwandlungen, aber kaum sind sie zu Hause, platzt die unterdrückte Schwabenader auf, man zieht seine aufzutragende, abgetragene Gartenhose an und wischt schnell die Stiege feucht runter, bevor man im Garten geschwind den Rasen recht, bis kein einziges braunes Blättchen mehr das Grün der gemähten Wiese unterbricht. Maulwürfe trauen sich schon lange nicht mehr in die Gartenanlagen dieser von uns gesuchten modellösen Vollschwaben. Die aufgeworfenen Erdhügel dieser Gartenterroristen sind eine Kriegserklärung an die schwäbische Gartenbauordnung, und diese Auseinandersetzung gewinnt der Schwabe immer, auch wenn das Erdreich um sein Haus herum in einer Art und Weise kontaminiert wird, dass im Vergleich dazu der Boden um Tschernobyl herum als Heilerde angesehen werden kann.

Ja, es ist schon so, dass es recht eigenwillig wirkt, wie sich der Society-Schwabe mit dem Vorgarten-, Stuben- und Stiegen-Schwaben vermischt. Versuchen wir noch ein letztes Mal zu entmischen. Gar nicht so einfach. Die Schwaben selber vermischen gern. Oder vermengen. Zum Beispiel Kartoffelsalat mit Soße und Spätzle. Oder Trollinger mit Sprudel. Und noch vieles mehr. Der Schwabe scheint beim Vermischen oder eben Vermengen keine Schmerzgrenzen zu kennen. Schon einmal den Schwabenteller versucht? In seiner Hardcore-Variante mit Käsespätzle und Rahmsauce, bekannt als Testmahlzeit für die Ermittlung des Magendehnungsfaktors oder des schwäbischen sogenannten »*Ranzenspannerquotienten*«? Wenn man nach einer solchen Mahlzeit in seinem Leben überhaupt noch jemals etwas essen will, dann kann man auch gut tags darauf einen alten und entsprechend harten Riebel Hefezopf von vorgestern in den Kaffee tunken und dann essen, schlürfen oder, wie die Bayern sagen würden, »zuzeln«. Sollte Ihre Schmerzgrenze für debile Nahrungsaufnahme noch nicht erreicht sein, dürfen Sie am Ende des Riebels den Kaffee trinken. Mit all seiner Hefezopfbrockenschlonze.

An dieser Stelle allerdings spaltet sich die schwäbische Einheitsfront in zwei äußerst starrsinnige Lager, die selbst glückliche Ehen in den Grenzbereich ihrer gegenseitigen Toleranzgrenzen bringen. Ähnlich dem peniblen Auskratzen eines Joghurtplastikbechers morgens vor sieben ist das schlürfende Sauggeräusch beim Andocken eines milchkaffeedurchweichten Rosinenhefezopfs an einem Schwabenmaul wohl derartig nervenbelastend, dass dies durchaus zu grausamen Kapitalverbrechen führen kann. Während das Opfer von Kugeln durchsiebt unter dem liebevoll eingedeckten Frühstückstisch in einer Blutlache liegt, lässt sich die Täterin ohne Widerstand verhaften und legt sofort bereitwillig ein umfassendes Geständnis ab: »Das mit dem Hefezopftunken fing vor ungefähr zehn Jahren an, und ich habe es ihm tausend Mal gesagt, aber er hat mich einfach nicht ernst genommen. Vor vier Wochen habe ich mir auf einem Russenmarkt die Kalaschnikow gekauft und heute Morgen war es so weit. Es war nicht im Affekt, es war geplant. Ich gab ihm eine letzte Chance, bat ihn, es nicht zu tun. Er wusste überhaupt nicht, wovon ich sprach. Er fragte mich: ›*Isch ebbes?*‹ und saugte im selben Augenblick ein triefendes, matschiges, einfach ekelhaftes Zopfstück mit einem Geräusch an, das an ein leer laufendes Spülbecken in der Küche oder noch schlimmer an das Überlaufgeräusch an der Beckenkante eines Hallenbads erinnerte. Ein Sabberfaden blieb am Kinn hängen. Das war zu viel der morgendlichen Zumutbarkeit, es war der Moment, an dem es geschehen musste. Ich bereue es nicht. Die Welt muss von Hefezopftunkern befreit werden.«

»*Ha no*«, werden jetzt viele Schwaben sagen, »*des hätt jetzt aber au net sai missa*«, wenn jeder ein bisschen nachgegeben hätte. Aber wo gibt es hier eine Kompromisslinie? Nichttunker sterben bei den Schlürfgeräuschen der Tunker und Tunker bleiben Tunker, ein Leben lang. Alles in unserem Leben ist Ansichtssache, auch bei den Schwaben. Und eine Frage des Standpunkts. Auch bei der Frage, wo man sparen kann. So der Schwabe, der im Fachgeschäft feststellen muss, dass ein richtiger Globus ganz schön teuer sein kann und dem Verkäufer daraufhin anbietet: »*Mir däts au oiner von Baden-Württemberg!*« Was zeigt uns das? Erstens, dass der Schwabe zum UN-Generalsekretär nur bedingt taugt. Zweitens, dass schwäbische Sparsamkeit in besonderer Form nahezu grenzenlose Kreativität, revolutionäre Denkmuster und als Folge davon eine völlige Neuinterpretation der Erdkugel erfordert. Drittens, dass sich bei den Schwaben ganz allmählich die Idee vom gemeinsamen Südweststaat Baden-Württemberg doch durchsetzt. Der Schwabe hätte ja auch einen Globus vom Schwabenland bestellen können, aber er ahnte wohl, dass es nur gemeinsam mit Baden wirklich eine runde Sache wird.

Die Schwaben allein bieten den Besuchern des Schwabenlandes ein lebendiges Open-Air-Museum voller Eigenheiten und Überraschungen, alles schön vermischt und fast nicht zu entmischen. Aber vielleicht sollte man wie bei einem guten Cocktail an der Bar die Mischung schlicht genießen und den Barkeeper nicht ständig mit der Frage nach dem Rezept nerven. Trinken Sie einfach und hoffen Sie, dass Ihre Gattin Ihnen noch ein paar genehmigt. Übertragen Sie die Cocktailerfahrungen auf die Schwaben und ihr wunderschönes Schwabenland. Nerven Sie nicht mit dummen Fragen. Und lassen Sie Ihre Vorurteile einfach zu Hause. Ja, es gibt im Schwabenland die Kehrwoche! Ja, die Schwaben mögen es aufgeräumt und sauber. Ja, wir hängen putzige Kehrwochenschildchen neben die Wohnungstür, damit man seine Pflichten nicht vergisst. Aber deshalb sind die Schwaben noch lange keine kranken Kehrwochenpsychopathen oder wahngetriebenen Besenfetischisten.

Da uns aber der Rest der Menschheit wohl unbedingt so will, bauen wir Gerüchten zufolge an einem im Moment noch geheimen Ort den wahrscheinlich größten Vergnügungspark Deutschlands unter dem Motto: »Der große Kehrwochenpark«. Zielpublikum sind vor allem nicht schwäbische Kehrwochenhysteriker und Momoisten, aber auch sonstige Nichtschwaben jeder Couleur. Am Eingang erhält man statt eines Tickets eine hochwertige Kutterschaufel, auf die alle Extras elektronisch draufgefegt werden können. Beim Erwerb eines VIP-Pakets, genauer gesagt »*VIP-Päckles*«, bekommt man noch eine Kittelschürze dazu und wird dadurch im Park von jedermann als besonderer Wichtigkehrer erkannt. Die Achterbahnen sorgen durch sogenannte Müllkreisel und Stiegenstaubloopings für besonderen Nervenkitzel, auf der Theaterbühne gibt es alle zwei Stunden eine spektakuläre Aufführung des Schwaben-Stomps, und für die ganz Kleinen sind statt eines Streichelzoos zwanzig verschiedene Treppenreinigungsparcours mit verschiedenen Schwierigkeitsgraden aufgebaut, auf denen sich die Kleinen nach Herzenslust mit Kernseife und Wurzelbürste austoben dürfen. Der frühkindlich prägende Lerneffekt ist außerordentlich, nimmt aber genetisch-sarrazinisch in dem Maße ab, je weiter die Kinder aus dem Norden kommen. Für Kinder aus Bremen und Berlin werden besondere Ferienkurse angeboten, und das ist auch gut so.

Selbstverständlich wird es im Park auch mehrere Themenhotels geben, die zwar alle auf Vier- und Fünf-Sterne-Niveau angesiedelt sein werden, aber wo natürlich jeder Hotelgast trotzdem seine große Kehrwoche machen darf. Die Hoteltreppen werden vollautomatisch alle halbe Stunde zugedreckt, sodass selbst bei voll belegtem Hotel genügend Staub, Müll und Schmiere für jeden Gast zur Verfügung steht. Die Souvenir- und Merchandisingstände werden originelle Mitbringsel für zu Hause anbieten. Neben Kehrwochenschildchen und Wurzelbürsten jeder Art gibt es auch Klopapier mit den »tausend Kehrwochenregeln Blatt für Blatt in drei Lagen«. Für einheimische Besucher gibt es auch die preiswertere Variante mit nur einer Lage. Unter den Büchern ragt das geheimnisvolle »Kittelschürzenkamasutra« heraus, das mit dem Untertitel »Schwäbische Treppenereignisse – oder was alles so passiert, wenn man schon mal dabei ist« die norddeutsche Einstellung zur Kehrwoche stark verändern wird. Alles in allem wird der Kehrwochenpark nach Aussage von renommierten Marktforschern aufgrund der enormen Potenziale auf lange Sicht Disneyland den Rang ablaufen.

Vorurteile können zu grotesken Gegenreaktionen führen. Den Vorurteilen und Meinungen über das Schwabenland fundiert, aber auch gelassen und mit Freude zu begegnen und sich mit einigen dieser ziemlich starren Bilder der Schwaben und ihrer Heimat auseinanderzusetzen, das waren die Auslöser, mich einmal etwas genauer mit meiner Heimat zu befassen. Das dabei Gefundene mündete in die große Motivation, das vorliegende Büchlein tatsächlich zu schreiben. Übertreibungen und Verzerrungen waren zur Untermalung der Wirklichkeit durchaus beabsichtigt. Manches wurde einfach erfunden, suchen Sie also im Internet nicht nach den Eröffnungsdaten des Kehrwochen-Vergnügungsparks, den wird es wohl in Wirklichkeit nie geben. Schade eigentlich.

Ja, manches ist einfach eine gewisse Vertrollingerung der Wahrheit, eine lembergische Sicht auf die schwäbischen

Dinge. Vor all den herausragenden Autoren der beigefügten Literaturliste verneige ich mich in Ehrfurcht, vor manchen ungenannten ebenso. Ich habe nie abgeschrieben, aber viele Gedanken und Darstellungen dieser klugen Köpfe aufgenommen.

Es hat Spaß gemacht und ich hoffe sehr, das ging den Lesern auch so. Ja, viele Monate des Forschens und des Schreibens waren mit Freude verbunden, bis mich meine sprachforscherischen Bemühungen mit der Wucht eines Tornados in die Fassungslosigkeit wirbelten und mich nächtelang darüber nachdenken ließen, wie ich mit diesem Schicksalsschlag jemals zurechtkommen sollte. Plötzlich waren sämtliche Worte weg, und es dauerte, bis ich damit klar kam. Und so sei es nicht verschwiegen. Die Schwaben sagen zu einem Dummkopf der dümmsten, der wirklich dümmsten Sorte einfach nur »*hommeldumm*« oder im Superlativ auch »*hommelbronzdumm*«.

Das ist nicht schön, gar nicht schön. »*Aber was willsch au macha?*«

Schwäbisch Epilogisches

oder der Düsseldorfer Verleger

Was für eine nette Idee. Um nicht zu sagen niedlich, irgendwie putzig und geradezu einladend. Oder war es doch eher fast schon verwegen und nahezu revolutionär, was da von mir verlangt wurde?

Da kommt doch mein Düsseldorfer Verleger zu mir und meint mit einem jovialen Lächeln auf seinen literaturverwöhnten Rezitierlippen, ich könnte doch vielleicht ein Buch über die Macken der Schwaben für ihn schreiben. Dass ich da nicht selbst darauf gekommen bin. Er hat natürlich nicht »Macken« gesagt. So würde er sich nie ausdrücken. Er ist schließlich Verleger, hat gute Manieren und ist eher diplomatisch veranlagt. Ihn in einem Che-Guevara-T-Shirt zu sehen, würde bei seinen Schriftstellern wahrscheinlich karnevalistische Gefühle aufkommen lassen.

Er hat also gesagt, ich soll etwas über den ungewöhnlichen Lebensstil, die eigenwilligen Verhaltensweisen und die originellen Wertevorstellungen der Schwaben schreiben. »Die Andersartigkeit ist hier. Mitten unter uns.« Diese bahnbrechende Erkenntnis sollte meine schwere Arbeit am Manuskript begleiten. Natürlich will er, dass ich über die

Macken der Schwaben schreibe. Aber er würde es natürlich nie so sagen. Er ist ein feiner Mensch.

Ich wäre für so ein Projekt geradezu die Idealbesetzung. Ich sei Schwabe und wohne im Schwabenland, könne also durchaus als Insider betrachtet werden, hätte aber oberschlesisch-niedersächsische Wurzeln, die mir die notwendige Distanz geben sollten, dem Objekt der Beschreibung mit einer gehörigen Portion Ironie und gegebenenfalls auch mit beißendem Sarkasmus zu übergießen. Ich sei darüber hinaus dem Hochdeutschen noch einigermaßen mächtig.

Zwar könne man beim gesprochenen Wort unüberhörbar feststellen, dass eine gewaltige schwäbische Sprachlawine meine ehemals nahezu schriftdeutsche Ausdrucksweise überrollt habe und mein feines Hochdeutsch dermaßen überdecke, dass man schon sehr gute Sprachlawinenhunde brauche, um mein korrektes Deutsch wieder auszugraben. Trotzdem traue man mir durchaus zu, dass ich mit ein wenig verlegerischer Hilfe meine Erläuterungen zum Schwabenland in einer auch für Restdeutschland verständlichen Sprachfassung vorlegen könne.

Man sehe mich von Verlagsseite her als Mentalitäts- und Sprachübersetzer mit zwei Muttersprachen, nämlich Deutsch und Schwäbisch. Wie gerne hätten einige der ehemaligen Ministerpräsidenten von Baden-Württemberg von sich behauptet, Deutsch wäre ihre Muttersprache. Dann hätten wir nach Kurt Georg Kiesinger vielleicht zwischendurch auch mal wieder einen schwäbischen Kanzler gehabt. Aber unsere Landesfürsten verstehe ja nördlich des Mains niemand mehr.

Ich dürfe das Manuskript natürlich ganz frei nach meinem Ermessen gestalten, vorausgesetzt, ich halte die vernünftigen, notwendigerweise an den Lesern orientierten und wie immer sehr durchdachten Vorgaben meines perspektivisch handelnden und über den Tellerrand hinaussehenden Verlegers penibelst ein. Da lernst du als Schwabe doch schon gleich einmal den Düsseldorfer Freiheitsbegriff kennen.

Das geplante Manuskript solle zum Schmunzeln und Lachen anregen und die Eigenheiten der Schwaben zwar durchaus liebevoll, aber eben auch geradeheraus aufs Korn nehmen. Nur keine Beißhemmungen. Das Büchlein dürfe zwar in keinster Weise despektierlich sein, aber man könne die Skurrilitäten dieses eigenwilligen Menschenschlags im Süden Deutschlands ruhig ein bisschen genauer ausleuchten und dann nett ausformuliert in griffige kleine Geschichten packen.

Ja, ich glaube, genau so hat er sich ausgedrückt und meinte dann noch kumpelhaft kollegial in seiner vollkommen dialektunbelästigten Aussprache, dass dies für mich doch sicherlich eine schöne Beschäftigung für den vor uns liegenden Sommer wäre. Ich würde mit meiner genauen Beobachtungsgabe und meinen scharfen Formulierungen sicherlich viele schwäbische Besonderheiten zutage fördern, mit denen ich den Rest der Menschheit bestimmt nicht nur informativ aufklären und gut unterhalten, sondern vor allem im nicht schwäbischen Restdeutschland für überaus köstliches Amüsement sorgen würde.

Jetzt aber! Was will der Mann von mir? Habe ich das richtig verstanden? Ein Enthüllungsbuch über die Schwaben? Einen Bericht darüber, wie sie sind, wie sie ticken, wie sie denken, wie sie leben, wie sie sparen, wie sie lieben und vor allem darüber, welche schrulligen Macken sie haben? Ich soll die genauen Rahmenbedingungen der schwäbischen Kehrwoche erforschen und die Frage klären, ob der Werbespruch »Geiz ist geil« von einer Stuttgarter Marketingagentur kreiert wurde?

Das hat der Herr Verleger jetzt so explizit wohl alles nicht gesagt, aber wir Schwaben können zwar kein Hochdeutsch, jedoch durchaus – wenn es denn sein muss – zwischen den Zeilen lesen. Sollte ich etwa den Agent Provocateur inmitten der schwäbischen Bevölkerung spielen? Wir sind Schwaben, aber wir sind deswegen weder einfältig noch komplett gehirnamputiert. Was sollen meine Nachbarn denken, wenn ich in einem Buch ihre komischen Eigenheiten in die Welt hinausposaune, diese mit dem schwäbischen Blut erkläre, das durch ihre Adern fließt, und für dieses Gesülze womöglich auch noch Geld bekomme?

Gut, ich habe eine etwas internationalere Umgebung, vor allem, wenn man auch zugewanderten Paderbornern Internationalität zubilligen will. Immerhin haben sie aus freien Stücken den Schritt in die schwäbische Hochzivilisation gewagt. Doch gerade bei diesen innerdeutschen Asylsuchenden mit einem im weitesten Sinne ähnlichen muttersprachlichen Hintergrund scheinen jegliche geordneten Assimilierungsversuche von vornherein zum Scheitern verurteilt. Wenn meine Paderborner Nachbarn Schwäbisch reden oder es besser gesagt versuchen, klingt das immer nach einer Mischung aus Serbokroatisch, Indonesisch und Fetzen von Esperanto – und ist für Schwaben schlicht unverständlich.

Da Schwaben aber nette Leute sind, nicken immer alle und geben den Paderborner Dialektkünstlern das Gefühl, dass ihrer Karriere als Simultandolmetscher für Schwäbisch eigentlich nichts mehr im Wege steht. Manchmal aber sieht man auch die ganze Nachbarschaft über einen riesigen Weltatlas gebeugt auf der Suche nach einem fernen, unbekannten Land, in dem die Sprache gesprochen wird, die unsere lieben nachbarschaftlichen Freunde sprechen, wenn sie glauben, Schwäbisch zu sprechen.

Unsere Mayonnaiserührer sind eigentlich ganz nette Leute, aber sie verweigern sich seit Jahren hartnäckig einem für ihre Integration so notwendigen Sprachgrundkurs »Schwäbisch für Spätumsiedler« an der hiesigen Volkshochschule. Und wundern sich dann noch, dass sie keiner versteht. Da sind die Nachbarn von fernen Landen schon viel weiter. Von gegenüber grüßt Mittelamerika ebenso wie auch Arabien. Der guten Vollständigkeit halber muss aber klar gesagt werden, dass mit Ausnahme des sehr unschwäbisch verunkrauteten Vorgartens gerade die sehr lieben syrischen Nachbarn derart gut assimiliert sind, dass sie fast noch schwäbischer wirken als alle anderen Schwaben um mich herum. Die Paderborner Verweigererclique könnte sich ruhig ein Beispiel daran nehmen. Und auch für den Vorgarten sind schon ausgesprochen schwäbische Vorsätze gefasst, allein, das Fleisch ist schwach und der arabische Kaffee zu gut.

Eines vereint die arabische Welt und die schwäbische Provinz. Man tratscht gern und ausgiebig. So wird das mit der Strukturierung des Vorgartens nie etwas, und irgendwie sind wir schwätzenden Schwaben ja auch mit schuld daran. Allmählich schmeckt uns sogar der arabische Kaffee. Die regelmäßigen syrischen Festessen wollen wir schon lange nicht mehr missen, in diesem Sinne kann man sogar von einer gewissen Arabisierung der schwäbischen Nachbarschaft sprechen. Immer wiederkehrende Esseneinladungen dieser feinen Art machen selbst die hartgesottensten Schwaben ein wenig toleranter gegenüber der etwas wirren syrischen Gartenbauästhetik.

Und eines steht so fest wie die Säulen von Palmyra in der syrischen Wüste: Gerade bei unsicherer Wetterlage eignen sich arabische Carports hervorragend für das würdige Feiern schwäbischer Geburtstage. Natürlich nur, wenn man sie vorher ordentlich sauber fegt und »*a bissle*« putzt, quasi die Carport-Kehrwoche macht. Wenn dann selbst das Ausfegen und Laubwegräumen von den syrischen Nachbarn gemacht wird, dann ist das sicherlich ein beeindruckender Modellfall erfolgreicher Schwabenassimilierung, der durch nichts mehr zu toppen ist.

Tatsächlich sind unsere arabischen Islamschwaben der multikulturelle Hammer, aber auch die besten Nachbarn, die einem passieren können. Man kann sie im Moment noch als *Schwaraber* bezeichnen; wenn die hiesige Dialektfärbung noch weiter zunimmt, werden wir wohl doch allmählich Pünktchen auf dem ersten »a« vergeben müssen. Das ist dann die nächste Stufe der Schwabisierung einer arabischen Familie.

In unserer Straße fällt es schwer, sich vorzustellen, was an den Bruchlinien vieler religiös bedingter Konflikte in dieser Welt passiert. Wenn unsere syrischen Nachbarn zum Essen einladen, steht immer auch etwas nicht arabisches Essen auf dem Tisch. Nur für den Fall. Und wenn wir dann beim Metzger stehen, ist es schon ein Automatismus, auf Schweinefleisch zu verzichten oder es wenigstens strengstens zu separieren. Warum auch nicht?

Syrien ist relativ nah, Paderborn sehr weit weg. Nein, nicht auf dem Globus. Auf unserer Straße. Syrien ist ungefähr zwanzig Meter entfernt, Paderborn dagegen mindestens neunzig. Aber schwäbische Toleranz hat ungefähr eine Reichweite von 125 Metern und lässt sich durch Wein- und Grilleinladungen noch um einige Meter verlängern. Nach so ungefähr drei Viertele und einem schönen Filetsteak vom Grill verzeihen wir den Paderbornern ihre Artikulationsschwächen gerne. »Schwaderborner« geht klangtechnisch eben gar nicht, und bis er einmal in breitestem Schwäbisch »Schätzle« zu seiner Liebsten sagen wird oder sogar ein situationsgerechtes »*jetzetle, sodele*«, sind die Polkappen geschmolzen und die Gipfel von Mount Everest und Nanga Parbat die neuen Malediven. Dort feiern die beiden dann diamantene Hochzeit: »*Ond mir sen alle mit dabei.*«

Sind wir eben großzügig. Auch mit uns selbst. Wenn mich mal keiner sieht, husche ich wahrscheinlich demnächst noch einmal schnell in die nachbarschaftliche Paderborn-Enklave. Es ist die Kartoffelsalatvariation der Dolchstoßlegende. Dem gemeinsamen Kartoffelsalatschwur aller echten Schwaben, nur mayonnaisefreien Kartoffelsalat zu essen, verletze ich hinterhältigst, wenn auch durchdrungen von einer Welle voller Schwabenscham. Es darf mich definitiv niemand dabei sehen. Ich tu es einfach, probiere noch mal den Mayonnaisekartoffelsalat mit Gurken.

Wenn ich ganz ehrlich sein darf? So schlecht ist der gar nicht, und Pickel kriegt man in meinem Alter eh nicht mehr. Aber sehen darf mich keiner mit dem Mayonnaiselöffel an den Schwabenlippen.

Aber zurück zum Thema. Ich soll den geheimen Schwabencode ausplaudern! Ich glaube, ich will lieber ein Buch über Meerbuscher Verleger und den Düsseldorfer Freiheitsbegriff schreiben. Die Freiheit des Schriftstellers im flachen Westfalen oder so. Aber ein Buch über das Rätsel des schwäbischen Mythos? Was würde passieren, wenn man mich aufdecken und enttarnen würde? Ich weiß nicht genau, wann und für welches Vergehen das letzte Mal ein gemeiner Delinquent auf einem schwäbischen Marktplatz gevierteilt wurde, aber ich hatte den Verdacht, dass das Verfassen eines solchen Enthüllungsbüchleins über die schwäbischen Macken und Marotten für ein exterritoriales Verlagshaus durchaus auch heute noch ähnliche Konsequenzen haben könnte. Man würde meine schriftstellerischen Bemühungen auf jeden Fall nicht mit stehenden Ovationen begleiten. So viel steht fest. Und dass sich die schwäbischen Enthüllungen wie warme Semmeln verkaufen würden, mag vielleicht für das Düsseldorfer Intellektuellenmilieu zutreffen, aber die Schwaben werden sich sicherlich der psychotherapeutischen Masochistenbuchnummer verweigern und das Werk auf dem Buchladentisch kleben lassen wie eine alte Eierschale auf dem Komposthaufen hinter dem schwäbischen Reihenhäuschen. Oder eben wie einen alten Wecken. Niemals wie eine warme Semmel. Die gibt es eigentlich nur dort, wo man den schönsten Teil von Stuttgart schon hinter sich gelassen hat. Nämlich am Ende der Autobahn Richtung München.

Aber ganz im Ernst. Was wurde da einmal behauptet? Der schönste Teil von Stuttgart wäre die Autobahn nach München? Dieser Fußballerspruch über die Landeshauptstadt und das Schwabenland war und ist eine Frechheit, und wenn der wirklich so gesagt wurde, dann verzichten wir Stuttgarter in Zukunft an Silvester großzügig auf »Dinner for one« im Dritten, schauen dafür jedes Jahr die legendäre Pressekonferenz von Trappatoni in München an und lauschen begeistert seiner hundertprozentig korrekten Einschätzung von dieser »Flasche leer«.

Da befassen wir uns jetzt aber wirklich lieber mit den Schwaben. Der Strunz soll bloß nicht glauben, dass er in Stuttgart jemals wieder in Gnaden aufgenommen wird. Da nützt es auch nichts, dass er jetzt frisurtechnisch einen auf Oettinger macht. Unser strubbeliges Sprachgenie ist uns immer noch tausend Mal lieber. Wir Schwaben waren eben schon immer Erfinder. Jetzt hat unser Energiekommissar eben das »*Schwänglisch*« erfunden, und damit der englischen Sprache endlich einen schönen und originellen Dialekt verschafft. Stimmt doch, gell? Vokalpünktchen gab es gleich mit dazu! *Schwänglisch* ist bereits eindeutig vom Schwäbischen dominiert und Lichtjahre vom Oxford-Englischen entfernt, das davor von hiesigen Ministerpräsidenten benutzte *Schwenglisch* kannte dagegen noch verschüttete britische Sprachrudimente. Herr Oettinger hat sie äußerst erfolgreich eliminiert.

Europa wird schwäbisch. Aber so richtig. Endlich.

Auch das kann also ein Grund sein für ein Buch über die Macken der Schwaben. Die Schwaben haben aber vielleicht gar keine Macken. Wenn sie welche hätten, würden sie das bestimmt zugeben. Nicht Englisch zu können, ist keine Macke. Die meisten EU-Kommissare können ja auch kein Schwäbisch. Wahrscheinlich kann es nur einer. Dessen Englisch bezeichnen wir einfach mal ganz optimistisch als grundehrlich. Schwaben sind nämlich in der Regel wirklich sehr ehrliche Leute. Gut, zugegeben, auch hier gibt es Politiker und ein paar Großverdiener, bei denen Brutto und Netto auffallend nah beieinanderliegen. Aber ansonsten: alles nette Leute und alle ganz normal.

Die Schwaben wollen eben immer nur, dass alles ordentlich ist und funktioniert. Zeug, was einfach »*liadrich*« (verkommen) und »schlampig« ist, gehört geputzt und repariert. Es regt uns Schwaben einfach »saumäßig« auf, wenn etwas »*he isch*« (kaputt), weil »*no kanschs glai bleiba lassa*« (dann kann man es gleich bleiben lassen).

So soll ein Schwabe während der Französischen Revolution, aus welchen Gründen auch immer, unter die Guillotine geraten sein, die aber nach revolutionärem Dauereinsatz genau in diesem Moment aus technischen Gründen stecken blieb, weil sie halt »*kromm ond schief*« war »*ond heckaliadrig*« (verkommener, also Steigerung von verkommen) gewartet, wie der zur Enthauptung bereitliegende Schwabe sofort mit scharfem Blick auf stumpfes Messer oben konstatierte und den Gang unter dieselbige nur noch zu wiederholen bereit war, wenn die Maschine für den reibungslosen Serieneinsatz instand gesetzt, sauber geputzt und vom zuständigen zentralstaatlichen FÜRG (Französischer Überwachungsverein für Revolutionsguillotinen) mit entsprechendem FÜRG-Stempel für zwei Jahre bis zur nächsten Hauptuntersuchung freigegeben und auch mit der zwischenjährigen ASU-Bestätigung (Abschneidemesser-Sonder-Untersuchung) versehen wäre. Gerade das Hochfrequenzköpfen erfordert in politisch unübersichtlichen Zeiten die Eliminierung jeglicher Schlamperei und das klare Bekenntnis zu einer kompromisslosen Null-Fehler-Strategie.

Etwas anderes ist für einen anständigen Schwaben undenkbar. Gerüchten zufolge kümmerte sich der schwäbische Delinquent selbst zuerst um die längst überfällige und mehr als notwendige Etablierung einer eigenständigen, unabhängigen Qualitätsabteilung für Kopfentfernungen und danach auch noch höchstpersönlich um die standesgemäße Überholung der Guillotine, die ihm dann auch ganz sauber und korrekt den Kopf vom Rumpfe trennte. Alles lief sozusagen glatt, und so starb der Schwabe schwäbisch ordentlich, aber vielleicht auch ein wenig zu früh und nur deshalb, weil er keine Zeit mehr hatte, wirklich gescheit zu werden.

Gut, wir werden erst mit vierzig gescheit, aber besser mit vierzig als nie. Ganz Restdeutschland scheint zu wissen, dass die Schwaben gerade mit dem vierzigsten Geburtstag einen Reifegrad erlangen, der dort, also hier, einfach »*gescheit*« genannt wird.

Auch der Herr Verleger muss mich darauf ansprechen: »Sie sind doch Schwabe?«

Meine verzweifelten Bemühungen, zum eigentlichen Gesprächsthema eines von mir gewünschten Buchprojekts zurückzukommen, werden immer wieder unterbrochen: »Stimmt es, dass die Schwaben erst mit vierzig gescheit werden?«

Ich nicke und hoffe auf Einstellung seiner Schwabenbefragung.

Aber er bohrt weiter: »Und was macht man mit Leuten, die auch mit vierzig noch nicht gescheit sind?« Dabei erinnert sein lautes Lachen ein bisschen an das Wiehern eines Pferdes.

Ich kann ihm die Wahrheit beim besten Willen nicht ersparen: »Die schicken wir nach Düsseldorf.«

Schwäbisch Literarisches

Chr. Belser Gesellschaft für Verlagsgeschäfte GmbH (Hrsg): Auf gut Schwäbisch – Landestypisches für Einheimische und Reigschmeckte, Stuttgart, 2011

Karl Napf: Der Schwabe als solcher, Stuttgart, 1994

Anton Hunger: Gebrauchsanweisung für Schwaben, München, 2007

Ulrich Kienzle: Wo kommsch denn Du alds Arschloch her, Stuttgart, 2008

Christoph Sonntag: Schwäbische populäre Irrtümer – Ein Lexikon, Berlin, 2009

Friedemann Schmoll (Hrsg): Reingeschmeckt – Essen und Trinken in Baden und Württemberg, Tübingen, 2010

Manfred Rommel: Das Land und die Welt, Stuttgart/Leipzig, 2003

(Manfred Rommels Bücher erscheinen im Hohenheim Verlag und sind dem Schwabeninteressierten alle zur Lektüre empfohlen.)

Sebastian Blau: Schwobaspiegel, Stuttgart, 1981

Thaddäus Troll: Deutschland, Deine Schwaben, Hamburg 1968

Gerhard Vescovi: Hippokrates im Heckengäu. Aufzeichnungen eines Landarztes, Stuttgart, 1975

Elisabeth Kabatek: Laugenweckle zum Frühstück, Tübingen, 2008

Eckart Frahm, Rolf Schorp (Hrsg): Sebastian Blau – Die Gedichte, Tübingen, 2009

Schwäbisch Glossarisches

A bissle Auch wieder einer der Ausdrücke, die dem Schwaben immer passen, alles ist immer »*a bissle*«! Wenn der gemischte Braten auf den Tisch kommt, passt es nie. Entweder »*ischs a bissle z'viel*« oder eben doch »*a bissle z'wenig*«, was natürlich »*a bissle schlemmer wär*«. Aber »*a bissle*« ist auf jeden Fall granatenmäßig viel mehr als »*a muggaseggele*« von irgendetwas. Oder können Sie sich viele Dinge vorstellen, die kleiner sind als ein Mückenhoden?

Analphabeten sind die Schwaben gewiss nicht, auch wenn das von einigen militanten Hochdeutschfetischisten so gesehen wird. Die Schwaben sind aber »*die wo*« eine etwas andere Grammatik haben. »*Des blickt bloß koiner von denne, die wo`s eh nie blickat.*« Eines noch: An den meisten schwäbischen Stammtischen werden sogar Germanistikprofessoren zu Analphabeten, denn hier gibt es Buchstaben und Laute, die kennt das deutsche Alphabet gar nicht. »*Dess isch abr gwiaß wohr!*« Und noch etwas: Für anständige Ordnung brauchen wir Schwaben kein Alphabet!

Awa Wieder so ein Kernausdruck des Schwäbischen, den man oft hört und etymologisch kaum zuordnen kann. Gerade auf der Haupttribüne des VfB Stuttgart vernimmt man dieses »*Awa*« leider viel zu oft, verbunden mit einem körperlichen Bewegungsritual, bei dem die Hände erst nach oben gehen und dann mit verächtlichem Zitronengesichtsausdruck vehement nach vorne unten weggeworfen werden. Wenn Sie mit Schwaben diskutieren und ein leicht genervtes »*Awa*« hören, dann bedeutet es, dass Ihre gewählte Argumentationsstrategie beim Gegenüber heftigsten Unwillen hervorruft.

Bahnhof Das ist auch im Schwabenland der Platz, an dem Menschen abfahren und ankommen, wo man ein anerkannt ökologisches Transportmittel besteigt, um von einem Ort zum anderen zu kommen. Wo sich Menschen begrüßen, in den Arm nehmen, sich gemeinsam freuen, manchmal weinen, aber meistens lächeln. Größtenteils oberirdisch. Aber das ist den Reisenden eigentlich egal. Denen ist es »*wurscht*«, also egal, ob sie oben oder unten abfahren, pünktlich soll es sein und schnell.

Champions League Eine Veranstaltung, die im Schwabenland fast unter Ausschluss der Öffentlichkeit stattfindet, weil Schwaben für`s Fernsehen nichts bezahlen wollen. Aus diesem Grund gibt es beim VfB Stuttgart auch eine heimliche »CL-Nichtqualifizierungsprämie«, und dieses Instrument hat in den letzten Jahren meistens funktioniert. Fehlentwicklungen wurden in der Vorrunde erfolgreich korrigiert. Den VfB-Fans bleiben teure TV-Gebühren in der Regel erspart und der VfB erhält Jahr für Jahr den FFF Ehrenpokal für die »fanfinanzfreundlichste« Spielanlage.

D'Wohred Die wird im Schwäbischen wie so vieles zwar anders ausgesprochen, meint aber das Gleiche. Wir Schwaben haben ein paar ganz Gescheite zum Suchen losgeschickt, zum Beispiel so einen wie den Hegel, der hat auch viel Wahres gesagt, aber was nutzt das einem, wenn die Frau anderer Meinung ist? Der schwäbische Umgang mit der Wahrheit reicht von Hans Filbinger bis Hans Küng und die politische Wahrheit ist seit seinem Rücktritt eh zum Teufel gegangen. Was lernen wir daraus? Der Teufel hat einen Vornamen, nämlich Erwin, wer hätte das gedacht?

Entaklemmer So werden im Schwabenland Menschen genannt, die auch für hiesige Verhältnisse die erweiterten Grenzen der Sparsamkeit überschritten haben. So wie man Enten den Hintern zu klemmt, damit sie kein Ei verlieren, so klemmen diese Geizhälse den Geldbeutel zu. Der unvergessene Thaddäus Troll hat »Der Entaklemmer« als schwäbische Version von Moliere`s »Der Geizige« mit großem Erfolg auf schwäbische Theaterbühnen gebracht.

Geggale Ganz wichtig, dass man weiß, was es ist, noch wichtiger ist, dass man als Nichtschwabe nicht versucht, es korrekt auszusprechen. Es reicht völlig aus, wenn man mit Hungerblick darauf deutet, zum Beispiel auf dem Volksfest. Es handelt sich um Brathähnchen. Wenn Sie nicht darauf deuten, haben Sie kulinarisch nichts versäumt und Ihrer Gesundheit etwas Gutes getan.

Grottafalsch »*Hee gschlage gheret*« (siehe *Hee*) Leute, die über die Schwaben und ihre Heimat erzählen, aber keine Ahnung davon haben und deswegen ein Zeug daher schreiben, das »*oifach grottafalsch isch*« und das Papier nicht wert, auf dem es steht. Dass »*grotta-*

falsch« mit »krötenfalsch« zu übersetzen wäre, ist schon mal »*grottafalsch*«. Was hoffentlich nicht für das Schwabenbuch gilt, dass Sie gerade zu Ende gelesen haben. Fehler hat es, ja schon, mit so einigen »*so ischs au wiedr net*« kann der Autor auch gut leben, aber bitte kein »*elles grottafalsch*«.

Ha no Kann man nicht essen und auch nicht übersetzen. Es ist einer der Universalausdrücke, die in jeder Lebenslage zum Einsatz kommen können und nichts, aber auch gar nichts aussagen. Oft gefolgt von einem »*des isch halt so*« versucht der Schwabe seine Frau in kritischen Ehemomenten zu beruhigen. Mit dem gleichen Ausspruch beendet er aber auch Leistungsanalysen über Stuttgarter Fußballvereine.

Hee Wenn man so richtig »*hee isch*«, dann schläft man auch neben einem laufenden Rasenmäher. Die meisten Schwaben sind normalerweise nie »*ganz hee*«, sondern maximal »*halber hee*«, was aber schon »*ziemlich hee isch*«. Nicht so schön ist es, wenn »*se oin halber hee gschlage henn*« und deshalb kann man als Autor eines Buches über die Schwaben nur hoffen, dass man dafür »*net hee gschlage gheert*«.

In was nai komme Wenn der Schwabe in etwas hinein kommt, meint er damit nicht das Eintreten in einen Raum hinter einer Tür oder gar eine sexuelle Aktion, sondern eher Verpflichtungen, Verwicklungen und Verstrickungen der unangenehmen Art, die es besser zu vermeiden gilt, weshalb der Schwabe sehr bemüht ist, möglichst in »*nix nai zu komme*«. Ein wichtiger Grund dafür, dass sich Schwaben so ungern einladen lassen.

Naus gäbe Kann auch bedeuten, dass man das Wechselgeld in die Hand des Kunden zählt, aber eher ist damit gemeint, dass man dem Gegenüber die Wahrheit sagt. Und zwar den unangenehmen Teil davon. Man bleibt einfach nichts schuldig, so oder so. »*Ha, die hat ihm naus gäbe*« bedeutet nichts Gutes für »*ihm*«.

Rasen mähen Das muss man überall regelmäßig und noch viel regelmäßiger im Schwabenland. »*Samschdichs*« am Nachmittag fangen die Halme an zu zittern. Man mäht ungern mit einem leisen Elektromäher, die Leute sollen sehen und auch hören, dass geschafft wird. Eines versteht man trotzdem nicht. Warum schaffen nicht alle zur gleichen Zeit? Alle arbeiten sich nacheinander durch die Rasenflächen, obwohl jeder seinen eigenen Luxusrasenmäher hat. Eines können Sie im Sommer vergessen: Mittagsnickerchen auf dem Balkon. Na ja, samstags jedenfalls.

Schleggich Das ist man ganz schnell, wenn man bestimmte Dinge nicht essen mag, der Schwabe sollte ein Allesesser sein und nicht im Essen herumstochern. Kuttelverweigerer fallen nicht automatisch in diese Kategorie. Bei Hundefutter macht der Schwabe dann doch großzügige Ausnahmen.

Schwertgosch Ein Mundwerk der aktiven Art, nach Auffassung der Trägerin kompromisslos der reinen Wahrheit verpflichtet, was aber von der unmittelbaren Umgebung streng bezweifelt wird. Die sprechen von einer bösen Zunge, die selbst zu beherrschen einer *Schwertgosch* nahezu unmöglich ist. *Schwertgoschen* unterteilen sich noch in die Kategorien »Ich weiß, ich bin eine« und »Ich weiß gar nicht, von was ihr sprecht«. Besondere Vorsicht vor Ausgaben der Kategorie 2.

Siaße Schdiggla Jetzt haben wir den Ausdruck, den zu artikulieren Sie wagen sollten, denn mit den Übersetzungen kommen Sie nicht weit. Wenn Sie in der Bäckerei ein »Plunderteilchen« oder gar ein »Plundergebäckteil« bestellen, wird sich das gesamte Verkaufspersonal in ein einziges großes Fragezeichen verwandeln und Sie im besten Fall mit einem *»so a Sauerei mach mir net«* verabschieden.

Verhebe Man kann sich an etwas zu Schwerem verheben, was aber schon eher *verlupfen* wäre. Im Schwäbischen *»verhebe die Kloine s`Rolle, bis mr dahoim send ond wenn ses nemme verhebe kennat, no gohts halt end Hos.«* Manchmal sagt auch der Mann zur Frau, ersatzweise Papa zu Mama, sie solle doch das laute *»Schempfe verhebe«*, weil es nichts ändert und die Nachbarn schon *»gucke«*. Verheben heißt dann bloß nix rauslassen. Gerne sagt auch der gescholtene Gatte zur schimpfenden Frau: *»Verhebs bloß net.«*

LITERATUR

Charmant-ironische Episoden über und quer durch die neuseeländische Gesellschaft.

Allen Falls
DER GERUPFTE KIWI - NEUSEELAND. FAST WIE IM RICHTIGEN PARADIES

ISBN 978-3-934918-49-8

DER GERUPFTE KIWI - NEUSEELAND. FAST WIE IM RICHTIGEN PARADIES. Aotearoa, wie der maoriphile Weltreisende Neuseeland fachmännisch gerne nennt, ist ein unbestritten schönes Land, das auf den ersten Blick tatsächlich wirklich einzigartig aussieht. Doch hält das Flair des kleinen Musterlandes am anderen Ende der Welt auch einer spontanen Nagelprobe stand? Was fördert wohl ein verschämter Blick unter den neuseeländischen Rasenteppich zutage?

Der lemmingartigen Begeisterung für das Land der Kiwis leicht überdrüssig, wagt Allen Falls einen kritischen, ironischen und sehr unterhaltsamen Blick auf Land und Leute, fördert dunkle Geheimnisse zutage und führt den Lesern eine Gesellschaft vor Augen, die viele unserer mühsam erarbeiteten wertdeutschen Errungenschaften so ganz und gar nicht nachvollziehen kann.

»Der gerupfte Kiwi« versteht sich als Episodenerzählung mit in sich weitgehend abgeschlossenen Kapiteln, die absichtlich immer wieder Fragen offen lassen und in locker er Folge diverse Auffälligkeiten des neuseeländischen Lebens beschreiben.

Soviel sei an dieser Stelle schon verraten: Genaugenommen ist auf dieser Doppelinsel alles eine einzige große Auffälligkeit.

CONBOOK VERLAG
www.conbook-verlag.de

Locker und lehrreich präsentiert Murat Topal in amüsanten Episoden voll Multikulti, Action und Augenzwinkern sein ganz persönliches Berlin.

Murat Topal
BERLIN
Ich hab noch einen Döner an der Spree – ein Heimatbuch
ISBN 978-3-934918-84-9

Murat Topal, Deutsch-Türke und gebürtiger Berliner, arbeitete zehn Jahre lang als Polizist im Bezirk Kreuzberg, bevor er sich ganz dem Dasein als Comedy-Künstler widmete. Bekannt ist er unter anderem durch Auftritte in verschiedenen TV-Sendungen und durch die Serie *Spezialeinsatz*, in der er die Hauptrolle spielt. Seit Februar 2011 tourt er mit seinem dritten abendfüllenden Bühnenprogramm *MultiTool – Der Mann für alle Fälle* durch Deutschland.

Die *Heimatbuch*-Reihe

CONBOOK VERLAG
www.conbook-verlag.de

Alles zu den Heimatbüchern: **www.heimatbuch.de**